クラスを最高の雰囲気にする！

目的別
朝の会・帰りの会 アクティビティ50

赤坂真二 編著
AKASAKA SHINJI

明治図書

はじめに

　学力向上の機運が高まる中で，先生方の関心は，授業づくりに向かうのかと思われました。しかし，若い先生方の増加やアクティブ・ラーニングに象徴されるような授業の協働化によって，学級づくりへの関心はますます高まっているようです。

　しかし，一方で聞こえてくるのが，「学級づくりが大事なのはわかっているが，どこから手を付けていいのかわからない」という声です。こうした声が，若手だけでなくベテランからも聞かれるのです。

　それでは，学級づくりを成功させたいと思ったら，何に力を注いだらいいのでしょうか。いくつかのことが指摘できますが，その中でもかなりの重要な位置を占めるのが，本書のテーマである，「雰囲気づくり」です。

　なぜならば，私たちの行動は，場の雰囲気に影響されているからです。図書館で大声で話す人はいません。盛り上がっているコンサートの会場で，腕組みをしてじっと曲を聴いている人もいません。オフィス街では多くの人がスーツを着ています。遊園地では多くの人がカジュアルなファッションに身を包んでいます。そうした行動の多くが，雰囲気に規定されているからだと見なすことができます。

　雰囲気は強い影響力をもっています。教室においては大きな教育力があると言っていいでしょう。学級づくりに成功する先生は，学級に望ましい雰囲気をつくることに成功していると言っていいでしょう。では，その雰囲気づくりをするのに効果的な場面はいつでしょうか。

　そこで注目したいのが朝の会・帰りの会です。朝の会・帰りの会は，ほぼ毎日あります。そして，サンドイッチのパンのように，子どもたちの学校生活を挟み込んでいるのです。具の味を引き立てるのは，両端のパンです。朝の会や帰りの会の充実は，その間で展開される教科指導や学級での活動をより活性化することでしょう。この学級づくりにとってのゴールデンタイムを見逃してはなりません。しかし，極めて時間が限られているのも事実です。

　だからこそ，5分なのです。本書に収められた実践は，ほぼ5分で実践できるようになっています。また，朝の会でも帰りの会でもどちらでも実践可能です。1日5分でも，毎日のように取り組むことの効果は絶大です。まず序章の理論編からお読みになって，各実践を成功させるための前提を知ってから取り組まれるとより効果的です。筋トレも，今やっている運動がなんのためにやっているかを理解することで効果があがると言われます。

　「ちりも積もれば山となる」の如く，一つ一つは，時間としては短い実践ですが，積み重ねることによってみなさんの学級に大きな変化が起こることでしょう。

2016年1月
赤坂真二

本書の使い方

1 対象学年・時間・準備物
実施するのに望ましい学年、実施するための目安となる時間や準備する物を示しています。本書は小学校・中学校での使用を考えています（全学年＝小1～中3，3年生＝小3）。

2 ねらい
ねらいとする雰囲気です。アクティビティは、ねらいを達成する通り道です。同じような活動でも違ったねらいで実施することで違ったものになります。

3 アクティビティの概要
活動の大体の様子を示しました。実施する前に活動の全体像とそれによって生み出される雰囲気を想像してみてください。

4 進め方
掲載例はサンプルです。学級の実態に合わせて、アレンジしてください（いくつかのアクティビティにはアレンジの例が示してあります）。

5 雰囲気づくりのポイント
ねらいとする雰囲気をつくるためには、実施中の教師の働きかけ方が重要な鍵を握ります。個々に示すポイントを外さないようにやってみてください。

6 評価のポイント
活動が単なる遊びで終わらず、子どもたちに学びをもたらすためには、評価の仕方がとても大事です。子どもたちの適切な姿をどこで見取り、どのようにフィードバックするかを示しました。

7 日常化のポイント
活動がその場限りのものにならないように、活動で得た学びを学級の日常に活かすポイントを示しました。日常化がうまくいくと学級の雰囲気が変わってくるでしょう。

8 参考文献
その活動について、より詳しく知りたいと思ったときの参考にしてください。

目次

はじめに …………………………………………………………………………… 002
本書の使い方 ……………………………………………………………………… 003

序章 「朝の会・帰りの会」でクラスを最高の「雰囲気」にする！

❶ 雰囲気が学級をつくる …………………………………………………… 007
1 先人に学ぶ集団づくりの三原則 ……………………………………… 007
2 三原則がつくりだすもの ……………………………………………… 009

❷ 学級の雰囲気に及ぼす教師の影響力 …………………………………… 011
1 学級の雰囲気に最も大きな影響をもっているのは ………………… 011
2 楽しさが「好意」になる ……………………………………………… 012

❸ クラスを変える5分の力 ………………………………………………… 013
1 朝の会・帰りの会とは？ ……………………………………………… 013
2 クラスで育てたい雰囲気 ……………………………………………… 015

第1章 「安心の雰囲気」をつくる朝の会・帰りの会アクティビティ

❶ ペア DE トーク ………………………………………………………… 018
❷ チームの絆で架けろ！ 心の架け橋！ ……………………………… 020
❸ おこのみやけた ………………………………………………………… 022
❹ ぎょうざじゃんけん …………………………………………………… 024
❺ アクティブ読書 ………………………………………………………… 026
❻ アクティブ作文 ………………………………………………………… 028
❼ Yes/No ゲーム ………………………………………………………… 030
❽ おじぞうさんゲーム …………………………………………………… 032
❾ ほめほめグーチョキパー ……………………………………………… 034
❿ 毎日おみくじ …………………………………………………………… 036

第2章 「かかわろうとする雰囲気」をつくる朝の会・帰りの会アクティビティ

- ⑪ ジェスチャーで集まれ！ ……… 038
- ⑫ 漢字でだーれ？ ……… 040
- ⑬ アパッチ ……… 042
- ⑭ イラスト大喜利 ……… 044
- ⑮ 名前の冒険 ……… 046
- ⑯ S（＝スモール）1グランプリ ……… 048
- ⑰ たましいのあくしゅ ……… 050
- ⑱ タッチ de もしかめ ……… 052
- ⑲ 文字文字ミッション ……… 054
- ⑳ 1分間ミラーリング ……… 056

第3章 「ルールやマナーを守る雰囲気」を高める朝の会・帰りの会アクティビティ

- ㉑ 風が吹けば ……… 058
- ㉒ みんなで目標達成・ダァーーッ！！ ……… 060
- ㉓ かいだんレベルアップ ……… 062
- ㉔ 連絡帳名人 ……… 064
- ㉕ 普段は言えないけれどゲーム ……… 066
- ㉖ 制服ファッションショー ……… 068
- ㉗ 金曜日応援団 ……… 070
- ㉘ 心と体のメンテナンス「瞑想タイム」 ……… 072
- ㉙ 誰がいい歌手かな？ Who is a good singer？ ……… 074
- ㉚ あべこべ作文 ……… 076

目次 005

第4章 「あたたかな結びつきの雰囲気」を高める朝の会・帰りの会アクティビティ

- 31 ぴったりさんをさがそう！ ……………………………… 078
- 32 読み聞かせリレー ……………………………………… 080
- 33 わくわくスピーチ ……………………………………… 082
- 34 みんなでファミリー …………………………………… 084
- 35 新出漢字でリレー短文作り …………………………… 086
- 36 以心伝心！ ピクチャーゲーム ………………………… 088
- 37 気分は卒業式！？ ……………………………………… 090
- 38 学級通信，よく見ると！？ …………………………… 092
- 39 集めよう！ ありがとうゲーム ………………………… 094
- 40 あいさつダウト ………………………………………… 096

第5章 「自分たちで問題を解決する雰囲気」をつくる朝の会・帰りの会アクティビティ

- 41 カッキーン NGトーク ………………………………… 098
- 42 すいすいピカピカじゃんけんゴミ拾い ……………… 100
- 43 ミッション is ポッシブル！ …………………………… 102
- 44 ミッション is ポッシブル！2 ………………………… 104
- 45 ミニクラス会議 ………………………………………… 106
- 46 ミニミニクラス会議 …………………………………… 108
- 47 チュウ太郎と一緒にがんばろう！！ ………………… 110
- 48 人間の心の中でいたずらするムシを退治しよう！！ … 112
- 49 KPTを使ってふり返り ………………………………… 114
- 50 めくりボードで目標確認 ……………………………… 116

- おわりに ………………………………………………… 118
- 執筆者一覧 ……………………………………………… 119

〔序章〕 「朝の会・帰りの会」でクラスを最高の「雰囲気」にする!

1 雰囲気が学級をつくる

1 先人に学ぶ集団づくりの三原則

学級づくりの目安

　明治の哲学者であり教育者である森信三氏の「時を守り,場を清め,礼を正す」という言葉を知っている方も多いことでしょう。「職場再建の原則」として重視する企業リーダーたちは多いようです。教育の世界でも,学校経営や学級経営の方針として採用されたり,子どもたちへの指導場面でも,実際に話されたりすることがあります。みなさんの中にも,一度は引用したことがある方がいるのではないでしょうか。
　私も,小学校で学級担任をした経験や現在も全国の学校の学級経営のアドバイザーとして多くの学級を拝見させていただく経験から,この原則は学級経営にも当てはまると感じています。荒れ気味の学級は,やはりそこが崩れていますし,その逆は,そこがしっかりしていると言って差し支えないでしょう。

> 「時」「場」「礼」の在り方は,学級の「正常性のバロメータ」

として捉えることができます。
　では,一つ一つ見てみましょう。

時を守る

　勿論,時間を守ることです。
　時間は,生活の枠組みをつくります。荒れている学級は,時間が守られません。時間になっても朝の会が始まらない,1時間目になっても,学習が始まらない。給食が時間通り始まらないし,終わらないのです。時間が守られない学級は,生活の枠組みをつくることができないのです。集団生活の中では,時間が守られないということは,誰かを待たせていることになります。
　待たされる方は,当然,心地よくありません。人を待たせるという行為は,相手の時間を奪うことを意味します。待つ方は,待たせる相手を信用しなくなり,待たせる方は,信用を失います。従って,人間関係も悪くなっていきます。

場を清める

　整理整頓をし，清掃をすることです。

　荒れている学級では，文字通り空間としての教室が荒れています。ひと言で言うと教室や廊下が汚いのです。靴箱を見ると，靴がひっくり返っていたり，はみ出ていたり，ロッカーには，私物が雑然と置かれたりしています。

　そこでよく見られるのが，清掃を嫌々やっている姿です。やっているならばまだいいのですが，数人がやっていないという姿も見られます。おしゃべりをしたり，箒で「戦いごっこ」をしたり，腰を下ろしていたりしていることがあります。

　清掃が行き届いた場所，整理整頓がなされた場所は，清潔感があり，なんとなく気持ちが引き締まります。中には雑然とした場所が好きだという方もいることでしょう。しかし，清掃が行き届いた店とゴミが散らかった店のどちらに人が集まるかと言ったら，圧倒的に前者です。

　教室は，公共性の強い場所であり，複数の人が集まる場所ですから，整えておくことが望ましいでしょう。多くの子どもたちが「行きたい」「そこにいたい」と思う教室は，清掃がなされ清潔な場所であることは間違いないでしょう。集客数の多い店舗や施設が清掃を徹底していることは，よく知られたことです。多くの人が集まるのは，ゴミがなく，整理されたきれいな場所です。

礼を正す

　これは，あいさつ，返事，言葉遣いなどのコミュニケーションの在り方を言っています。やはり，荒れている学級では，溌剌としたあいさつが交わされない，呼びかけに対して返事が返ってこないなどのことがよくあります。また，言葉遣いも乱暴であったりします。時間が守られ，清掃もそこそこなされてる学級でも，言葉遣いが乱暴であることがありますから，学級が崩れるとしたらここから崩れ始めると言っていいでしょう。

　コミュニケーションの在り方は，その学級の人間関係の在り方と言っても過言ではありません。互いに気持ちのよいあいさつが交わされ，適切な応答関係がある学級は，良好な人間関係が育まれます。

　「時」や「場」の在り方が，学級の枠組みであるとすると，「礼」の在り方は，学級の中身だと言えるでしょう。このように，学級の「時」「場」「礼」の在り方をふり返ることで，みなさんの学級の今の姿を診断することができます。

　ところで，「時」「場」「礼」を整えることは，一体何を意味しているのでしょうか。これらを整えることが，何を実現するのでしょうか。冒頭でも述べましたが，企業リーダーはこれを職場再建の原則として理解することがあります。なぜ，これらを整えると，職場が再建されるようなことが起こると考えられるのでしょうか。

2 三原則がつくりだすもの

雰囲気の影響力

　2つの姿を想像してみてください。

　清掃が行き届き整理整頓がなされた教室で，その時刻になると学習活動が始まり，また終わる。そこでは，互いにあいさつや返事が交わされ，相手を思いやるあたたかな言葉で交流する子どもたちが居ます。

　一方，清掃が行き届かず，教室のあちこちにはゴミが落ち，壁には落書きがあります。時刻になっても学習は始まらず，終わりの時間も守られません。そのため，休憩時間があったりなかったりします。また，そこでは，誰かがあいさつをしたり呼びかけたりしても，返ってくることがなく，冷たく相手を傷付けるような言葉が飛び交っています。

　経験が違えば，想起されるイメージも異なるかも知れませんが，何が違うかとひと言で表してみてください。

　それは，「雰囲気」ではありませんか。

　私たちは，場の「雰囲気」の中で生活をしています。そして

> 私たちの行動の多くはその「雰囲気」に規定されています。

　家庭では家庭の雰囲気に合った行動をし，職場では職場の雰囲気に合った行動をします。よく知った人たちの中では，やはり，その雰囲気に合うような表情をして，そのような言葉を使い，よく知らない人たちの中では，その場の雰囲気に合うような行動をします。居酒屋では大きな声を出す人も，レストランでは小さな声で話すことでしょう。

　支配されているとまでは言いませんが，私たちの行動は雰囲気に大きな影響を受けていることは間違いありません。しかし，普段は，その雰囲気がどのような構成要素で成り立っているのかを分解し，吟味することはありません。だから，それを「空気」などとまとめて呼んでしまうわけですが，その曖昧なものを場の活性化の観点から，実に的確に分析したのが，森氏の三原則だと思います。

学級づくりに成功する教師と失敗する教師

　両者に違いがあるとしたら，

> 雰囲気づくりの意味を認識しているかどうか

ということが指摘できます。これまで述べてきたように，雰囲気は子どもたちの行動に対して大きな影響力をもっています。その力を使わない手はないわけです。

いじめの起きにくい学級はいじめを許さない雰囲気をもっています。意欲的に学習する学級は，学習することは楽しいという雰囲気をもっています。ルールを守る学級は，ルールを守った方がいいぞ，当然だぞという雰囲気をもっているのです。あたたかな学級は，友達は大事にするものだ，大事にした方がいいぞという雰囲気をもっているのです。

指導力のある教師は，子どもたちが目的を達成するために行動するような雰囲気をつくっていると言えます。もし，学級づくりを成功させたいなら，

> 雰囲気のもつ影響力の大きさを認識し，雰囲気づくりに手間をかけるべき

でしょう。

雰囲気づくりの前提

雰囲気づくりの重要性はわかったけど，どうしたらいいのかわからないという場合もあると思います。そういう教師のために本書はあります。しかし，いきなり実践編を片っ端からやっていけば成功するとは限りません。実践は技術です。

> 技術にはそれが成功するための前提がある

のです。

あなたが，野球の選手で時速150kmを越える剛速球を投げることができるピッチャーだったとします。それだけの技術をもっているということです。しかし，だからといって毎日，何時でもそんな球を投げることができるわけではないのです。精神面や体力面のコンディションを整えないとそんな球は投げることができません。ある程度以上のレベルの技術を発動するためには，それなりの前提条件をクリアすることが必要です。

雰囲気づくりは，技術面だけを駆使すれば実現できるものではありません。あなたの話すことやることだけでなく，表情や仕草や声の調子など技術を越えたところのあなたの在り方も影響する複雑な営みです。だから，前提条件を理解しておくことが成功のためには必須です。

また，一方で，そうした前提条件をしっかりと理解しておくことによって，技術的には未熟でも，成功の確率は高まるとも言えます。例えば，あるスピーチを聴いたときに，ものすごく巧みな言葉で流暢に話されても，心に入ってこないことがありますよね。逆に，たどたどしいけど，妙に心に響く場合もあります。それは，技術，つまり「やり方」ではなく，「在り方」の問題が影響していると考えられます。

2 学級の雰囲気に及ぼす教師の影響力

1 学級の雰囲気に最も大きな影響をもっているのは

学級の雰囲気と教師の在り方

　学級の雰囲気に関する研究からわかることは，学級の雰囲気は，教師と子どもたちの関係から成り立っていて，教師の指導行動とは不可分な関係にあるということです[1][2]。教師は学級の雰囲気を規定する要因として大きな影響力をもっています。また，学級の雰囲気において，教師が子どもからどのように捉えられているかということも重要であることが指摘されています。

　また，どんな教師が，学級の雰囲気に影響をもつかということについては，親しみがあって，受容的な教師の姿が報告されています[3]。話しかけやすい感じがしたり，普段から楽しい授業をしたり，嬉しいときに一緒に喜んでくれたりする教師は，学級の良好な雰囲気に影響することができると言えるでしょう。また，同研究では，学級が良好な状態で機能するためには，年間を通じて，価値観に支えられた一貫した指導を自信をもって進めていくことの必要性を提言しています[4]。

雰囲気づくり成功の原則

　学級の雰囲気をつくることことに成功するためには，まず，

> 教師が，学級の雰囲気に強く影響していることを自覚すること

です。

　リーダーシップを発揮する上で，最も大切なことは，

> 自分自身のリーダーシップを自覚すること

だと言います。同様に，自分自身が，雰囲気づくりの中心にいることをまず，強く認識することです。

　次に，普段から子どもたちに心を開いて接し，子どもたちによく声をかけ，楽しくわかりやすい授業づくりに努めながら，

> 1人残らず好き

であることを伝え続けます。

　そして，自分の考えをしっかりもって，ぶれずに指導していくことです。自分の考えをしっかりをもっていれば，叱るときにも子どもたちが納得できる理由を伝えることができるでしょう。叱る基準がはっきりさせることができますから，どの子にも，どんな場面でもある程度一貫した指導ができます。叱る基準をもつということは，当然，ほめる基準ももつことができるわけです。

> 　ほめるべきところは，ほめ続け，叱るべきところはしっかりと指摘し続けるという姿勢が，少しずつ子どもたちに理解され，それが信頼関係をつくる

のです。

　こうした教師の在り方が，技術である，本書の示すアクティビティの効果を最大限に引き出す前提となるものです。誤解していただきたくないのは，こうした前提ができるようになってから，アクティビティを実践するというのではなく，実践しながら，自分自身をふり返っていただければいいのです。

2 楽しさが「好意」になる

　アクティビティは，学級づくりにかなり有効なアイテムです。それは楽しいからです。教師が楽しそうに活動すれば，それが子どもたちに「好意」として伝わります。みなさんも，いろんな研究会などで講師の先生方のお話を聞くと思います。勿論，内容にもよりますが，大方の場合，教師がにこやかに楽しそうに話をしていた方が聞きやすいでしょう。同じ話でもニコリともせずに話をされたり，ガチガチに緊張しながら話されたのでは，こちらも疲れてしまいます。

　教師が楽しそうに活動をすれば，それは子どもたちに「みんなといると楽しいよ」，「みんなのことが好きだよ」というメッセージになります。教科の授業場面でなかなか笑えない教師も，アクティビティだったら笑えるのではありませんか。

> 子どもたちと笑うことが苦手な教師が笑え，得意な教師はより笑える

それが教科指導にはない，アクティビティの強みです。

3 クラスを変える5分の力

1 朝の会・帰りの会とは？

朝の会・帰りの会の意味と強み

「雰囲気づくりの重要性はわかったけど，では，いつどのようにやるのだ」という疑問が聞こえてきそうですね。

そこで注目したのが，朝の会と帰りの会です。朝の会と帰りの会の最大の強みはなんでしょう。そうです。

> 毎日，必ずある

ということです。

国語や算数の内容が遅れているから，図工や音楽を削ったという話を聞きます（本当は，ダメだとは思いますが…）。しかし，朝の会や帰りの会を削ったという話はあまり聞きません。帰りの会を実施しない教師はいます。また，時間の都合で帰りの会を削るということもあるでしょう。しかし，それは少数派であり，イレギュラーな事態です。帰りの会は実施しない教師も朝の会は実施していることでしょう。こう考えると，朝の会・帰りの会は極めて実施率の高い教育活動の時間だと言えます。

この時間を見逃す手はありません。「継続は力なり」です。学級や子どもたちにとって大事なものを育てようと思うならば，継続的に取り組むべきです。そして，その頻度を高めるべきです。学期に一度よりも，一月に一度。一月に一度よりも一週間に一度。そして，それよりも毎日です。

また，朝の会・帰りの会には，忘れてはならない重要な意味があります。

それは，

> 子どもが児童生徒になり（朝の会），また，児童生徒から子どもに戻る（帰りの会）時間

子どもたちは毎朝，多様な背景のある私的空間である家庭を出て，教室に入り，児童生徒という社会的存在に変わります。そして，数時間学校で児童生徒の役割を担い，また，学校が終

わると子どもに戻り，家庭に帰ります。朝の会と帰りの会は，子どもたちが公的な存在から私的な存在に移行する特別な時間です。子どもたちの学校への適応の鍵を握る重要な時間とも言えます。そうした特別な時間に，子どもたちの適応を促進するような活動を実施することは意味のあることだとおわかりいただけるでしょう。

教室の雰囲気をつくるのに要する時間

　しかし，一方で朝の会・帰りの会には弱点もあります。それは，言うまでもなく時間が短いことです。朝の会は長引けば，1時間目の時数を損なうことになります。また，帰りの会がそうなれば，どんなに楽しくても不満に思う子どもたちが出てきます。森氏の三原則からも，時間は守らなくてはなりません。学級によりよい雰囲気をつくろうとする実践が時間を守らないようでは，それこそ大いなる矛盾です。

　だからこそ，

> 5分

なのです。毎日訪れる朝の会・帰りの会において，5分でいいから学級に良好な雰囲気をつくるための活動をするのです。

　それは，まさしく朝のラジオ体操，寝る前のストレッチのように，わずかな時間ですが，継続することで学級の健康を保ち，それを育てることでしょう。5分で雰囲気がつくれるのかと思うかも知れませんが，考えてみてください。そもそも雰囲気づくりに長い時間は必要でしょうか。みなさんは，

> 教室の雰囲気は，一瞬で変わり得るものである

ことを体験済みなのではありませんか。

　例えば，運動会などでリレーをしていて，チームが優勝目前でアンカーが転び，負けてしまったようなときは，それこそ天国から地獄に落ちたような落差を感じることでしょう。そこまで大きくなくても，誰かの心ないひと言で一気に教室の空気が冷えてしまった，また逆に，誰かのおかしなひと言で教室が明るい笑いに包まれるなんてことは日常的に起こることでしょう。雰囲気というものは，一瞬でつくられ，変わり得るものなのです。

　いつも明るい笑顔で「いってらっしゃい」と送り出される子ばかりとは限りません。また，普通の家庭の子でも，ときには出がけに叱られたり兄弟げんかをしたりして登校してくることもあるでしょう。

　また，学校生活は子どもたちにとって穏やかな時間ばかりとは限りません。家庭生活では味

わうことのないはるかに多くの感情の中に身を置きます。結構な疲労感をもって帰りの会を迎える子もいることでしょう。

　朝，ちょっと子どもたちをあたためてやる気にさせて授業を始めたり，1日の終わりに，少しほっとさせて家に帰すということができたら，子どもたちの1日はずいぶん軟らかなものになると思いませんか。それは，ちょうど，

> 朝の会と帰りの会で，オセロゲームをする

ような感じです。どんな1日であろうと，子どもたちの学校生活を朝の会と帰りの会の良好な雰囲気で包み込み，1日を「いろいろあったけどよかったな」と締めくくるようにすることができたら，それはとてもステキな学級生活とは言えないでしょうか。

2 クラスで育てたい雰囲気

学級の役割

　それでは，学級にどのような雰囲気を育てればいいのでしょうか。

　これについては，本書の主張は前作の『クラスを最高の雰囲気にする！目的別学級ゲーム＆ワーク50』（明治図書）から，一貫しています。学級は，子どもたちの自己実現を支援する環境です。自己実現は，挑戦の繰り返しによって起こり得るものです。挑戦の原動力は，やる気です。つまり，学級は，子どもたちのやる気を高める環境であるべきだと捉えました。

　そして，子どもたちのやる気は，生活の中で「できないことができるようになった・わからないことがわかるようになった」という達成にかかわる実感と，「誰かとつながった，誰かの役に立った」という関係にかかわる実感が保障されたときに，自分への肯定感が高まり，それに不随してやる気が高まると主張しました。

　つまり，学級生活において，子どもたちのやる気を高めるためには，

> つながりの中で課題を達成すること

が求められます。

　それに基づき，図1（次ページ）のような学級の雰囲気の発達段階を提示しました。

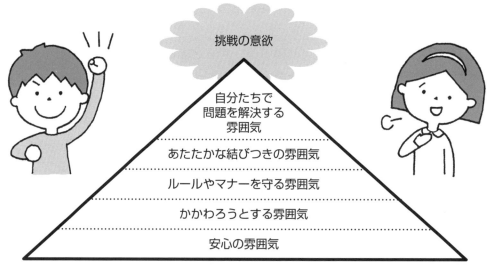

図1　雰囲気から見る学級の発達段階

　適切な自己肯定感に基づく挑戦への意欲を高めるためには，図1のような段階を想定しています。緊張状態にある子どもたちが，かかわるようになるためには，まず，基本的な安心感が必要です。それは，教師との関係性における安心感と言い換えてもいいでしょう。この段階では，まだ，クラスメートに対する安心感はそれほど高くありません。しかし，最初の一歩を踏み出すためには，教師との関係性における安心感が必要です。「この教師は，安心できる人だ」と実感できれば，子どもたちは教師の促しによって仲間とかかわろうとし始めます。

　クラスメートとしっかりかかわるためには，傷付けられないという実感が必要です。つまり，みんなでクラスのルールや対人関係におけるマナーを守ろうとする雰囲気が必要です。傷付けられない実感がもてるようになると，子どもたちはより深くかかわろうとし始めます。多くの子どもたちは，クラスメートとつながりたい欲求をもっているからです。

　あたたかな結びつきができてくると子どもたちは，互いに助け合ったり，学級の問題を自分たちで話し合って解決したりすることが可能になってきます。あたたかな結びつきは，子どもたち一人一人に学級内に，居場所をつくります。居場所ができると，子どもたちは学級を好きになります。

　自分の学級が好きで，なおかつ，周囲にかかわる力をもっている子は，学級生活に積極的な貢献を始めます。学級生活に積極的な貢献を始める子どもたちが，一定数を超えると学級はまとまりがよくなってきます。自分たちの問題は自分たちで解決しようとする雰囲気ができてくると，子どもたちは信頼関係の中で，課題を解決する喜びを学びます。

　クラスメートとの信頼関係に基づきながら，課題を解決する実感は，まさに「できた，わかった，つながった」を保障することになり，子どもたちのさらなる挑戦への意欲を引き出していくこととなります。

拙い実践から

　私が小学校の教師だった頃，こだわっていた実践があります。それは子どもたちの誕生日を祝うことです。ある年，新しくクラスを持ったときに，ホームセンターで発泡スチロールの板を買ってきて，それで直径40センチくらいの円を切り抜いて積み重ね，30センチくらいの高さのバースデーケーキを作りました。真ん中には少し太めのパーティーキャンドルを立てました。

　4月に最初の誕生日を迎える子に黒板の前に立ってもらい，こう言いました。

　「みんなには一人一人誕生日があるよね。その誕生日があったから先生はみんなと会えた。先生は，その日が嬉しくってありがたくって仕方ないんだ。だから，今日からみんなのお誕生日を祝わせてね。ケーキを用意したから」

　そして，風呂敷で包んだバースデーケーキを教卓に乗せました。その風呂敷を取ったときのあの歓声を今も忘れることができません。

　「おおー！」「先生，ホンモノ？」「作ったの？」「すごーい！」

　そしてギターを弾いて，子どもたちと共に「Happy Birthday」を歌い，その子の誕生日を祝いました。そのときの子どもたちの嬉しくてたまらなそうな顔が，自分の仕事の原動力だったと思います。

　前年度学級崩壊して，大人不信，教師不信に満ちていた子たちが，この小さなお誕生会をすると，恥ずかしそうに肩をすくめ，みんなに顔を見せないようにしながらも，笑顔になっていました。殺伐とした言葉が行き交う教室で，生徒指導上の問題が頻発するクラスでしたが，その帰りの会は，間違いなくあたたかな時間でした。そして，気付いたときその5分間の雰囲気が教室の日常の雰囲気になっていました。

　どんな状況にあろうとも，教室の雰囲気をつくるのは，他ならぬ教師であるあなたなのです。

【参考文献】
*1　江村早紀・大久保智生「小学生における児童の学級への適応感と学校生活との関連：小学生用学級適応感尺度の作成と学級別の検討」『発達心理学研究』第23巻　第3号　日本発達心理学会　2012年　pp.241-251
*2　岸　俊行・澤邉　潤・大久保智生・野嶋栄一郎「学生・教師を対象とした異なる学級における授業雰囲気の検討：授業雰囲気尺度の作成と授業雰囲気の第三者評定の試み」『日本教育工学会論文誌』第34巻　日本教育工学会　2010年　pp.45-54
*3　三島美砂・宇野宏幸「学級雰囲気に及ぼす教師の影響力」『教育心理学研究』第52巻　日本教育心理学会　2004年　pp.414-425
*4　前掲　*3

〈赤坂真二〉

第1章 「安心の雰囲気」をつくる朝の会・帰りの会アクティビティ

1 ペア DE トーク

■対象学年：全学年　■時間：5分　■準備物：なし

ねらい ▶ 友達と楽しく会話することを通して，安心感のある雰囲気をつくる

アクティビティの概要

　テーマに合わせて，ペアで語り合う活動です。休み明けは，子どもたちにとって話したいことがたくさんあります。しかし，中には自分から話を切り出せない子どももいます。そこで，教師からテーマを提示し，語り合う場面を意図的につくり，お互いの話を聞き合います。話を聞いてもらえるという体験を通して子どもが安心感を得ます。

進め方

❶「みなさんは記憶力に自信がありますか？　それでは，土曜日の晩ご飯に何を食べましたか？　お隣の人同士で伝え合いましょう！　みんなが安心して話ができるよう，きちんと向かい合って話をしましょうね！　後でペアの人が何て言っていたか話を聞きます！」

❷ 子どもは1〜2分程度，ペアで話をします。

❸「きちんと土曜日の晩ご飯に何を食べていたか覚えていましたか？　それでは，ペアの人が何を食べていたのかを教えてもらいます」

❹ ペアの人が晩ご飯に何を食べたのか，2〜3人の子どもに発表させます。

❺「笑顔で友達の話を聞くことができていて，すごくいい雰囲気でした。これなら，話をする人も安心できるね」

[アレンジ]

　この活動は，話したくなるテーマを考えることが大切です。休日明けでなくても使えるテーマをいくつか紹介します。
- もしも100万円もらえたら，何に使う？
- 1日だけ生まれ変われるとしたら，何になりたい？
- 金閣寺と銀閣寺，住むならどっちに住みたい？
- タイムマシンがあったら，どの時代に行ってみたい？

雰囲気づくりのポイント

[話すための準備をする]
　いきなり「話し合いましょう」と言われても，何を話すか準備しておかないと話せない子どもがいます。そのため，話を始める前に個人で考える時間を1分程度設定します。

[話を始めるときの合図]
　それでも話を始めることができないペアに対しては，「『あなた，どう思う？』と先に質問してしまえば，まずは聞く側になれるよ」と話します。その上で話をさせると，教室のいたるところで「あなた，どう思う？」という声と笑い声が上がり，安心して話しやすい雰囲気をつくることができます。これは上越教育大学教授の赤坂真二先生の実践をもとにしました。

 評価のポイント

　子どもの活動には安心の雰囲気をつくるためのほめポイントがいくつもあります。私が安心の雰囲気をつくるために認めている子どもの行動を列挙します。
- 最初に話し出す子どもに対して「パッと話し出す人がいると周りの人も話しやすくなるね」
- 友達の方に体を向けて話している子どもに対して「話している人の方を向いて話を聞いてくれると安心して話ができるね」
- あいづちを打ちながら話を聞いている子どもに対して「その聞き方いいねえ。話しやすさが増すよ」
- 発表者の方を向いて発表を聞く子どもに対して「真剣に聞こうとしているね。その聞き方を続ければ信頼される人になれるよ」
- 話をしているときや発表を聞いた後に拍手をしている子どもに対して「その拍手いいねえ。教室があたたかい雰囲気になるね。話をする人も話そうって気になるよ」

　このような言葉がけとともに子どもの行動を認めていくことで，安心の雰囲気をつくります。

日常化のポイント
　日常から教師が子どもに自分の話をしておくことも大切です。何が好きなのか，どんな失敗をしたことがあるのか。教師が積極的に自分自身の話をすることで，子どもも安心して自分の話をすることができます。

【参考文献】
赤坂真二著『教室に安心感をつくる―勇気づけの学級づくり・2』ほんの森出版　2011年

〈鈴木文哉〉

チームの絆で架けろ！
心の架け橋！

■対象学年：全学年　■時間：5分　■準備物：シャープペンやボールペンなど

 ▶ 仲間と協力してペンを持ち上げる体験を通して，安心感のある雰囲気をつくる

アクティビティの概要

　班のメンバーと輪になり，人差し指だけでペンを持ち上げる活動です。ペンを友達と指で押さえ合いながら持ち上げるだけの活動ですが，気軽に取り組めることができ，教室にあたたかな笑い声と一体感を生み出します。

進め方

❶「これから，班のメンバーと協力し合うゲームをします。1人1本ペンを出しましょう。ボールペンでも，シャープペンでも，カラーペンでも構いません」

❷「班のメンバーと向かい合い，輪をつくりましょう」

❸「両隣にいる友達と，それぞれ用意したペンの両端を人差し指で押さえ合いながらペンを持ち上げます。全部のペンを頭の上まで持ち上げることができれば課題達成です！」

❹各班の様子を見守りながら，人差し指だけを使っているか，やり方がわからず困っている班がないか確認します。

❺「みんな協力してペンを持ち上げることができたね。課題達成を祝して，拍手〜」

[アレンジ]

　以下のようにペンを持ち上げる方法を制限して，徐々に難易度を上げていくとさらに盛り上がります。

● クラス全員で輪をつくり挑戦する。
● 人差し指ではなく小指で持ち上げる。
● 全員が目をつぶって挑戦する。
● 全員が声を出さずに挑戦する。

雰囲気づくりのポイント

[教師のモデリング]

　説明だけしてもやり方がわからずにギクシャクした雰囲気になってしまうことがあります。そんなときは，教師がグループの1つに加わってお手本を見せてあげるといいでしょう。このとき，教師が本当に楽しそうに活動することが大切です。教師が楽しんでいる姿が笑いを生み出し，安心の雰囲気をつくります。

[教師の思いを伝える]

　活動に熱中すると，仲間に強い言葉をかけてしまう子どもがいます。事前に「活動に夢中になっても，『もっと力入れろよ！』とか『ふざけるな！』ではなく，『いいよいいよ！』とか『いい感じいい感じ！』っていう言葉を使い，朝からいい雰囲気になるようにしましょう」と伝えます。

評価のポイント

　この活動は，子どもが協力し合うことで一体感のある安心の雰囲気を生み出します。そこで，活動中に子どもの行動で一体感や協力が見られる場面をほめていきます。

- お互いにアドバイスし合ったり，声をかけ合ったりしながら活動している子どもに対して，「このまとまっている感じいいねえ。その雰囲気，好きだなあ」
- 失敗しても笑顔で励まし合っている子どもに対して，「その声かけすてきだね。みんなが励まし合ってくれるから嬉しいな」

　このような言葉かけで，子どもの行動をほめていきます。このとき，Ｉメッセージ（主語が私）のほめ言葉だと，あたたかな雰囲気が教室をどんどん包み込んでいきます。

日常化のポイント

　笑顔で活動しているグループの側で教師も楽しそうに様子を見守り，ときには声をあげて喜びを分かち合うことが大切です。この教師の姿が，子どもに「あ，先生は楽しそうに活動すると喜んでくれるんだ」というメッセージを与えます。教師の笑顔が子どもの笑顔を生み，子どもの笑顔が教室の安心感をつくり，教室の安心感が子どもの笑顔をさらに生み出すというあたたかなサイクルが回り出します。

【参考文献】
中村健一著『教室に笑顔があふれる中村健一の安心感のある学級づくり』黎明書房　2011年

〈鈴木文哉〉

おこのみやけた

■ 対象学年：全学年　　■ 時間：3〜5分　　■ 準備物：なし

 ▶ リズミカルなかけ声と程よい緊張感，笑い声でクラスの雰囲気をあたためる

🌸 アクティビティの概要

　7〜8人くらいのグループになってできる簡単な指遊びです。
　手をふれ合って遊ぶのはコミュニケーションにとっても大切なことです。このゲームのいいところは何といっても失敗がないこと。朝の，ぼーっとしている子どもたちもすぐに目を覚ましてくれます。朝の会におすすめです。

進め方

❶ 自分の手を子どもたちの大好きな「お好み焼き」と見立てます。
　両手を前に出して，手の甲を上にして輪になります。
❷ 店主（リーダー）が「お，こ，の，み，や，け，た」と声をかけながら，順にみんなの手の甲を指さして回ります。
❸ やけたの「た」で当たった人は，手をひっくり返して，手のひらを上にします。
❹ 順に回っていき，再び「た」で当たったらその手を下におろします。
❺ どんどん回って，もう片方の手も当たっておろした人ができあがり，つまり勝ち（1抜け）です。
❻ それを最後の人まで続けてやります。

雰囲気づくりのポイント

- ルール（やり方）がわかっていないと楽しめるものも楽しめません。最初は代表の子どもたちと教師が前で見本を示し，それを見て徐々にマネをさせることで，子どもたちはすぐにゲームに入っていくことができます。
- 子どもたちがゲームに慣れるまでは，教師も一緒に参加をします。みんなで笑い合える雰囲気をこちらからつくってあげましょう。
- 「お好み焼き」以外に何かないかな？と，子どもにたずねると「たこやき」「やきにく」「せんべい」といった面白いアイデアがたくさん出てきます。そんな子どもの声を反映させるとさらに盛り上がります。

 評価のポイント

　ただ遊んで"楽しかった"で終わるのではなく，「みんなで楽しめていたかな？」「よかったと思う友達の行動や言葉はなかったかな？」など，子どもたちとやってみた感想をシェアするようにします。もちろんそこでは，教師自身もしっかりと活動の様子を見て，よかったところの価値づけを行います。すると，次の活動や１日の生活の中で，子どもたちは意識をもって活動に取り組むようになります。

　また，店主（リーダー）を決める際に簡易的にじゃんけんで決めるのもいいですが，自分たちで考えさせることで話し合いが生まれます。こういった日常の中にこそ，子どもの素敵な一面をたくさん見ることができます。

> **日常化のポイント**
> 　このゲームは男女の力の差が出ないので，色々なグループ（班，座席列，係や当番など）に分かれて遊ぶ姿が見られます。こうした活動を様々な場面でやっていくことで，友達と関わることのよさを感じたり，男子も女子も隔たりなく活動ができたりするようになっていきます。また，それぞれの意見を認め，受け入れることで自信や満足感，自己有用感にもつながります。

〈鍋田宏祐〉

4 ぎょうざじゃんけん

■対象学年：全学年　■時間：3〜5分　■準備物：なし

 ▶友達とのかかわり合いを通して，あたたかで，安心した学級の雰囲気をつくる

アクティビティの概要

　子どもたちの大好きな「じゃんけん」のアレンジバージョンです。
　友達とかかわり合う中で，とにかくぎょうざをたくさん作った人が勝ち！！の，簡単で，面白く，めちゃくちゃ盛り上がるアクティビティです。帰りの会でやることで，1日の最後を笑顔いっぱいで終えることができます。

進め方

❶いつもやっているじゃんけんの手（グー・チョキ・パー）をそれぞれぎょうざの材料とします。「グー」→肉　「チョキ」→ニラ　「パー」→皮

❷3人グループをつくりじゃんけんをします。
　かけ声は「ぎょー・ざ・じゃんけん・じゃんけん・ポン」

❸3人の出した手が，グー・チョキ・パーだったらぎょうざのできあがりです。
　その場合は，「いっちょあがり！」と言いながら3人で手を上に上げます。
　何か足りなかったら「○○がなーい！」と言って，同様に手を上げます。
　㈎チョキ・パー・チョキ　→　「肉がなーい！」
　　グー・グー・チョキ　→　「皮がなーい！」

❹これを1〜2分の間にグループをどんどん変えながら続けていきます。

❺活動中ぎょうざが何個できあがったかを覚えておき，最後に全員に個数を聞いて終了です。

❻これを2ラウンド，3ラウンドと繰り返します。

雰囲気づくりのポイント

- ルールはいたって簡単なのですぐに子どもは理解できると思います。このアクティビティのポイントとなるのは，導入の部分です。
「グー・チョキ・パー」の手を出しながら，「肉・ニラ・皮」の3つでできる食べ物は何でしょう？と質問するところから始めるだけでも，子どもたちの興味関心がぐっと高まります。
- 最後にできたぎょうざの個数を聞くのですが，そのときも1番だった子には「ぎょうざチャンピオン」「料理名人」「シェフ〇〇」などの称号を与えると，子どもは次こそはと意欲を高めます。
- 活動していると，子どもたちから色んな意見が出てきます。
例えば，「グー・グー・グー」の場合は何と言ったらいいの？などです。私のクラスでは，そのときは関西ならではの「焼肉かっ！」「肉しかないっ！」とツッコミが入ります。それもまた楽しみの1つとなっているようです。クラスの子どもの声を大切に，色んなバリエーションを生み出してほしいと思います。

※上の場合だと「ニラと皮がない！」「できない！」でもいいかもしれません。

評価のポイント

　このアクティビティはいかに時間内に，たくさんの人とかかわるかがカギとなります。なかなかグループをつくれず困っている友達に積極的に声をかけている子や，始まりや終わりに「よろしく」「ありがとう」とあいさつができている子などをしっかりとほめます。そうした姿を通して，あるべき姿に近づいていくのだと思います。また，たかがじゃんけんでも思いっきり盛り上げてくれる子が必ず学級にはいます。そのような子にスポットを当てることで，学級の雰囲気がさらによくなるはずです。

> **日常化のポイント**
>
> 　じゃんけんは1日の中で様々な場面で行います。なかなか交流のない子同士でも，こうした活動を何回もやっていくことで，何かのときに交流できるきっかけとなります。「ぎょうざチャンピオン」になった子が，家でぎょうざを作りました！という嬉しい報告や，家庭科の調理実習の時間やたらとはりきる，なんていうこともたくさん出てきます。何が転機となるかわからないですね。

〈鍋田宏祐〉

5 アクティブ読書

■対象学年：1～6年生　■時間：5～10分　■準備物：絵本，本，教科書など

 ▶ 安心して集中できる雰囲気をつくる

アクティビティの概要

　受動的に読書をするのではなく，技術や知識を使って能動的に読書をすることをアクティブ読書と呼びます。

　読み方のレッスンの後，本の読み聞かせを聞いたり，5分間集中して読書をしたりして，読み方を楽しんで身に付けていくアクティビティです。

　安心して本の世界に浸れるので，クラスにしっとりとした安心できる雰囲気が生まれてきます。

進め方

❶読み方のレッスンをします。

「今日の読み方は，〇〇〇という方法です」

❷本を読み聞かせる or 5分間集中して本を読む時間にします。

「では，本の読み聞かせを始めます」or「では，5分間，読書をしましょう」

❸どれくらい読み聞かせを聞けたか，本を読めたかふり返ります。

[アレンジ]

●本の読み方の例

- 頭の中にテレビをつくって聞く・読む。
- 本につっこみを入れながら読む。
- 自分とのつながりを意識して聞く・読む。
- ふせんをつけながら読む。
- ペア読書（2人で1冊の絵本や本を交互に読む）

●ふり返り方法の例

- 親指メーター（親指の先を下に向けたら0，上に向けたら100で自己評価をする）
- ペアトーク（2人組になって，読んだ感想を1分で紹介する）
- 読書用ノート（思ったこと，考えたことなどを書く）

説明　　　ひたすら読む　　　ふり返り（親指メーター）

雰囲気づくりのポイント

- 教師が思いっきり楽しそうに絵本や本を読むこと。読み聞かせること。これが一番の雰囲気づくりになります。また，読み聞かせした本を教室に並べておくことも，安心して読書できる雰囲気をつくっていきます。
- はじめは，絵本の読み聞かせからしていくとよいです。絵本を一緒に楽しみ，クラスに共通したお話が増えていくことで，安心できる雰囲気ができてきます。
- また，ペア読書など，友達とかかわり合える読み方を取り入れることで，本を媒介にして子どもたちがつながり，より一層クラスが安心できる雰囲気になっていきます。

 評価のポイント

評価は，本を読んだ後の子どもたちの自己評価が中心になります。

親指メーターでどれくらい読めたと思うかを数値で表した後，次回，どうやって読むかを考えたり，ペアトークをしてふり返ったり，読書用ノートに書いたりします。

教師からの評価は，基本的には，一緒に本を読んで，ニコニコとほほえんでいるとよいですが，本を読めなかったり，本を選ぶことができていなかったりする子がいる場合は，個別に本の選び方を教えたり，その子の読みのレベルに合った本を紹介したりします。絵本の読み聞かせでクラスに絵本を楽しめる雰囲気ができていると，高学年でも安心して絵本を選ぶことができるようになります。

> **日常化のポイント**
>
> 1〜2週間に1つの読み方を扱うくらいがちょうどよいです。
>
> 例えば，「頭の中にテレビをつくって，想像しながら，読み聞かせを聞いてね」とレクチャーしてから，1週間ほど読み聞かせで技術を体験し，次の1週間で自分自身で本を読み，読み聞かせで体験した技術を使っていくようにすると，子どもたちは着々と本を読む技術を身に付け，安心して本を読める雰囲気ができあがっていきます。

〈橋本　貴〉

6 アクティブ作文

■対象学年：1～6年生　■時間：5～10分　■準備物：作文用紙，ワークシート

 ▶ 安心して表現できる雰囲気をつくる

アクティビティの概要

技術や知識を使って能動的に楽しく作文することをアクティブ作文と呼びます。

書き方のレッスンの後，テーマにそった作文をしたり，書きたいことを書いたりして，書き方を楽しんで身に付けていくアクティビティです。

安心して自分の世界に浸れるので，クラスにしっとりとした安心できる雰囲気が生まれてきます。

進め方

❶書き方のレッスンをします。
「今日のテーマ（書き方）は，○○○です」（書き方の説明をする）
❷テーマにそった作文 or 5分間集中して書きたいことを書く時間。
「では，○○のテーマで作文を始めます」or「では，5分間，書きたいことを書きましょう」
❸どんな作品が書けたか，友達同士で読み合います。

[アレンジ]
●テーマの例
　○○字ぴったり作文（50字，100字だけでなく，48字などぴったりではない文字数でも盛り上がる），今日の運勢占い風作文，実況中継風作文，私の○○が書いた作文（上靴・えんぴつ・ランドセルなどの気持ちになって書く）

●書き方の例
　常体の文章を敬体に書きかえ作文，句読点のない文章に句読点をつけよう作文，2人の秘密作戦（会話文の書き方），国語辞典を使って，できるだけ漢字で作文

説明　→　ひたすら書く　→　読み合う

♡ 雰囲気づくりのポイント

- 教師が思いっきり楽しそうに子どもたちが書いた文章を読むこと。これが一番の雰囲気づくりになります。また，子どもたちが書いた作品を製本して，教室に並べておくことも，安心して作文できる雰囲気をつくっていきます。
- はじめは，子どもたちが書いた作品を面白がって読み，ひたすら楽しむことです。間違っているなどの指導はいりません。とにかく書くことが楽しい。という雰囲気をつくっていきます。
- また，書きあがった作品を読み合うときは，作品に読んだサインをしたり，相手にとってポジティブな反応を返したりできるように指導しておくと，お互いにあたため合い，クラスが安心して表現できる雰囲気になっていきます。

☆ 評価のポイント

　楽しんで書いている。たくさん書いている。がんばって書いていることを評価し，楽しんで作品を読みます。はじめの頃は，ひたすら子どもたちの作品を読んで楽しみます。書き間違いなどの指導はせずに，書くことが楽しい雰囲気をつくっていきます。

　書くことが楽しく，安心して表現できる雰囲気ができてくると，子どもたち同士で読み合って，作品の評価をしだします。子どもたち同士の評価には力があり，もっと友達に読んでもらえる作品を書きたいと，子どもたちはもっと作品を書き出します。このとき，教師は，傷付くようなネガティブな反応が起こっていないか注意を払ってみておくとよいです。

日常化のポイント

　日替わりでテーマを変えていくのもよいですが，月曜日は占い，火曜日は実況中継風，水曜日は書き方の練習，のように曜日でテーマを決めておくと，子どもたちは前日から書くことを考えるようになります。

　また，定着してきたら，1日で完結ではなく，1週間で1つの作品を書き上げるようにすると，子どもたちは，早く書きたいと朝の時間を待っていたり，家で秘密に書き進めていたりするようになります。

〈橋本　貴〉

7 Yes / Noゲーム

■対象学年：4〜6年生　■時間：5〜10分　■準備物：黒板，チョーク，椅子1つ

▶ クラス全体で素直に感情表現する場をもち，安心できる雰囲気をつくる

アクティビティの概要

　新しいクラスにドキドキ。手を挙げるのもちょっとドキドキ。前に出るのはもっとドキドキ。そんな子たちに「嘘が上手で，てきと〜な返事ができる人が主役になれるよ」と言うとそれだけでにやっと笑いながら主役に立候補する子たち。そしてこのゲームは，主役にはならなくても，席に座っているだけで大事な参加者です。みんなで笑い合えたなら，それだけでしあわせな1日のはじまりです。

進め方

❶「てきと〜な返事ができる人募集中」と言いながら，主役を1人選び，黒板の前にみんなの方を向いて置いたイスに座らせます。

❷ 子どもたちとやりとりをしながら黒板に絵を描きます（答えは主役にばれないように）。

❸ 主役に，「○○さんは，これが好きですか？」「○○さんは，これを食べたことがありますか？」など「はい／いいえ」で答えることのできる質問をしていきます。それに対して主役は「はい」「いいえ」と，てきと〜に答えます。

❹ 大切なのはその他の観客！　主役の答えに対して「え〜〜！」「うんうん」「まさか〜！」などのリアクションを返します。そのリアクションを見て主役は黒板に何が描かれているかをあてなければなりません。

[アレンジ]
　何回か回数を重ねると，絵を描く部分を「絵描きさん募集」と子どもの中から募ったり，質問をどんどん子どもたちからさせたりとゲームの進行を子どもたちに委ねていきます。

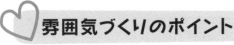 雰囲気づくりのポイント

●まずは，教師の声かけで主役に立候補しやすい雰囲気をつくることが大切です。そして主役・絵描きさんが出てきた後は，質問の見本として先生から主役にいくつか質問をします。その際に「○○さんは…」と名前を入れて呼びかけることで，それ以降の質問者も「○○さんは…」と友達の名前を呼びながら質問をしていきます。名前を呼ばれるって嬉しいですよね。それだけで主役の表情が柔らかくなっていきます。
　また，教師も観客と一緒にずっこけたり，顔をしかめたり，うなずいたり，思いっきりリアクションをとります。教師が思いきって感情表現をすることで，この「学級では，自分の気持ちを素直に表現していいんだ」という安心のメッセージを伝えます。

評価のポイント

　主役に対しては，ナイスなてきと〜返事ができれば，おおげさにほめ，絵描きさんには「おぉ〜わかるわかる。あれね」とリアクションをし，質問者にも「その質問いいなぁ」とつぶやき，観客とは一緒に笑う。そんな風に子どもたちを認める反応を返していれば，自然と子どもたち同士が認め合う声かけをし合うようになります。そうなればしめたもの。「こんな風にみんなが笑い合えるクラスになると1年間安心してすごせるね」とみんなで確認し合います。

日常化のポイント
　例えば朝にYes／Noゲームをした後の，国語の討論の授業。素直に自分の思いを表現できていたり，誰かの発表に反応したり，またその意見に反論したり。そんな子どもたちの姿が見られれば，それはこのゲームの成果だと思います。ゲームでできた安心の雰囲気を生かせるような活動を，次の1時間目にもってくることが大切です。

〈上山菜海子〉

おじぞうさんゲーム

■ 対象学年：1～3年生　　■ 時間：5～10分　　■ 準備物：なし

 ▶ 少人数で笑いのある時間をもち，学級が楽しいと思える雰囲気をつくる

アクティビティの概要

　進級したばかりの子どもたちの中には，学級全体の活動となるとドキドキしてなかなか前に出ることができなかったり，手を挙げることができなかったり，参加したくても難しい子が少なからずいます。そんなときに，少人数のグループで笑い合いながら心をほぐす時間をもつためのゲームです。心と身体を目覚めさせることにもなり，授業では班活動前のエクササイズとしても活用できます。

進め方

❶ 4人グループをつくります。
❷ じゃんけんをして，1人がお団子屋さん，他の3人はおじぞうさんになります。
❸ おじぞうさんはお団子屋さんを中心にした三角形をつくって中心に向いて立ち，お団子をおいてもらえるように片方の手のひらを上に向けます。
❹ お団子屋さんは，その手のひらの上にお団子をつくっておいていくふりをします。
❺ お団子をおかれたおじぞうさんは，お団子を食べなければなりませんが，食べている瞬間をお団子屋さんに見られてしまったらアウト。お団子屋さんと交替します（お団子屋さんは突然振り向いたりフェイントをかけてもOK）。

[アレンジ]

　4年生以上でもそのままのルールで楽しむことができます。1～3年生で行うときはおじぞうさんの出てくる絵本を読んでから始めたり，4～6年生で行うときは班活動の意義などを価値づけしたりしてもいいかと思います。

雰囲気づくりのポイント

- 3人のおじぞうさんが三角形に立つのが言葉だけではわかりにくいため，初めてこのゲームを行う際には，実際に前に子どもを数名呼び，見本を見せたほうが理解しやすいと思います。
- アウト・セーフの判断が際どいときもあるので，学級や学年によっては子どもたちの間を見回りながら声かけをする必要もあります。
- お団子屋さんに見つからないようにこっそりお団子を食べてしまうおじぞうさんが，けろっとした顔で立っているのがこのゲームの面白さ。「見つかったー！」というときには，子どもたちと一緒に思いきり笑い合えると，学級があたたかい雰囲気になります。失敗が失敗でなく，笑いになる。ちょっとしたいたずら心が教師にもみんなにも受け止めてもらえる，そんなところから安心はつくられていきます。

評価のポイント

　とても単純なルールのゲームなので，慣れてきたらゲームの進行は子どもたちに任せていきます。その際にグループの4人で上手に声をかけ合ってできているかを見ます。盛り上がっていれば，子どもたちと一緒に思いきり笑い，もめているなら，それをチャンスに，どうすればみんなが気持ちよく遊べるかを学級の全員に投げかけ，一緒に考えていきます。小さなもめごともほっておかない姿を見せることでも安心の雰囲気はつくられていきます。

日常化のポイント

　子どもたちの生活はちょっとしたもめごとにあふれています。進級したばかりの子どもたちは周りの子との距離感がつかめず，トラブルになることもありますよね。ゲームの際にみんなで問題解決をするようにしていると，普段の生活でも子どもたち同士でもめごとの話し合いをする姿が見られるようになってきます。そのときにはすかさず，そんな姿をみんなで共有していきたいですね。

〈上山菜海子〉

ほめほめグーチョキパー

■ 対象学年：1～6年生　■ 時間：2～3分
■ 準備物：割りばしやピンポン玉などに番号を書いたくじ

　▶ 友達のよいところを積極的に見つけ，1日の終わりを気分よく迎えられる

アクティビティの概要

　帰りの会で班の友達とペアになってじゃんけんをし，勝った人から相手のよいところをほめます。お互いにほめ合ったペアから帰ることができます。

　班の中の誰とペアになるのかは，帰りの会でのくじ引きで決めるので，互いに友達のことをよく見るようになります。また，1日の終わりに全員が友達にほめてもらえることから，あたたかい雰囲気をつくることができます。

進め方

❶「『ほめほめグーチョキパー』をします」
❷「先生がくじをひきます。1番が出たのでペアの相手はお隣です」
　（1番は隣，2番は前後，3番は斜めというように決めておく）
❸「じゃんけんをして，勝った人から先に相手のよいところをほめます」
❹ 例を見せます。相手の人の今日の言動をほめることを伝えます。
❺「お互いに相手のよいところをほめたペアからさようならをします」
❻「それでは『ほめほめグーチョキパー』スタート！」

[アレンジ]

　じゃんけんで勝った子だけがほめてもらって帰り，負けた子は違う相手を探してじゃんけんを続けるという方法もあります。難易度も上がり，時間もかかりますが，友達のことをよく見ておこうという雰囲気をつくっていくことができます。

　また，くじ引きの番号を増やし，ほめる相手を替えていく方法もあります。4番が出たら隣の人に自分のよいところを言う，などとすると，自尊感情を高めていくこともできます。

♡ 雰囲気づくりのポイント

- はじめのうちは，帰りの会でいきなりほめる相手を伝えられても戸惑う子どもがいるかもしれません。朝の会などでほめる相手を予め伝えておくようにすると，1日かけて相手のよいところを探そうとするので，スムーズにほめ合うことができます。
- 「今日消しゴムを拾ってくれてありがとう」「授業中にがんばって手を挙げて答えていてすごいと思った」など，どんな些細なことでもいいのだということを伝えておきます。その上で，どんなことをほめてもらったら嬉しいかクラスでフィードバックする時間を設けておくと，ほめる材料をなかなか見つけられない子どもへの支援になります。

☆ 評価のポイント

　「明るい」「やさしい」といった個人の性格をほめるのではなく，あくまで今日の言動からほめることを見つけているかどうかを見ます。子どもたちのほめ言葉を聞いて回りながら，クラスで共有しようと思うものがあれば，学級通信や次の日の朝の会などで紹介するようにします。

　また，口頭でほめ合うだけではなく，定期的に紙に書かせて内容を可視化させるようにすると，子どもたちがどういったことをほめ合っているのか把握することができます。

　子どもたちがほめ合うことを習慣化することがあっても，飽きてしまうことがないように気をつける必要があります。

日常化のポイント

　帰りの会の時間だけでなく，普段から友達のよいところを見つけてほめ合うようなあたたかいクラスづくりにつなげていきます。

　そのために，2点のことに気をつけます。

　1つ目は，班の友達のよいところを意識して見るように指導すること。

　2つ目は，授業の中で班活動を多く入れたり，教え合いの時間を設けたりしてかかわりを多くもてるようにすることです。

〈江口浩平〉

毎日おみくじ

■対象学年：1〜6年生　■時間：3〜5分　■準備物：割りばしなどで作ったおみくじ

 ▶楽しみながら漢字や計算といった基礎基本を身に付ける

アクティビティの概要

　日直がおみくじを引き，そこに書かれている学習をみんなでやるゲームです。学習したての新出漢字を復習したり，全員で九九を暗唱したりすることで，基礎基本の定着を図ります。

　1回ずつが短時間で終わることと，学習内容をランダムに決めることから，勉強が苦手な子どもも飽きずに参加することができます。

進め方

❶日直におみくじを引いてもらいます。

❷引いたおみくじに応じて，学習ゲームを行います。

「全員起立。終わった人から座わります」

　(例)●国語の教科書教材の音読をする。
　　　●新出漢字の空書きを5回ずつする。
　　　　（黒板に学習した漢字を残しておく。見ながらでもOK）
　　　●九九の暗唱をする。（何の段を暗唱するか日直が決める）
　　　●辞書を使ったしりとりをする。
　　　　（ペアなどでしりとりをしながら，使った言葉の意味を読み上げていく）

[アレンジ]

　最初のうちは学習内容を教師から提示していきますが，慣れてきたら子どもたちに考えさせてもよいかもしれません。

　どの学年，どの教科でも学習は可能です。低学年であれば計算カードを用いる，中学年の社会科では地図帳を見ながら都道府県を全部言う，高学年の外国語では1〜20までの数字を英語で言うなど，アイデア次第で学習が広がります。

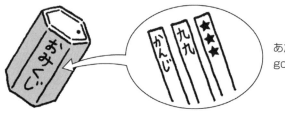

あたりを作るのも good！

雰囲気づくりのポイント

- 毎日の継続が大切な活動です。1回ずつの学習は短時間で終わりますが，疎かにならないよう声かけをしていく必要があります。
- 学習が終わった子どもから着席するようにしているので，おみくじを引いて学習内容がわかると，集中してサッと取り組めるようになります。座ってからも，「全員が終わるまでは，座ったままもう一度学習を繰り返すようにしよう」と伝えると，学級全体の程よい緊張感を保ったまま，勉強の苦手な子どもが終えるのを待つことができます。

評価のポイント

　学習内容がわかってから全員が席に着くまで，意欲的に学習に取り組めている子どもをほめていきます。

　自分たちで学習内容を決める場合は，単元が終わったときに「先生，この台形の面積を求める公式も毎日おみくじに入れよう」などと，学習をフィードバックして考える子どもも出てきます。

　また，「今週は漢字テストがあるから，漢字ドリルの音読をしよう」など，クラスのことを考えて学習内容を選定するようになれば，そのことも評価していきます。

　学習内容の定着度合いを見て，その都度増やしたり減らしたりしながら，今のクラスに相応しいおみくじの内容を子どもたちとともに作り上げていきます。

日常化のポイント

　朝の会での毎日おみくじが軌道に乗ってきたら，おみくじの内容もどんどん増えてくると思います。

　そうなれば，教科ごとに「国語おみくじ」「算数おみくじ」などとし，授業中のスキマ時間にも取り組むことができます。

　使わなくなったおみくじを残しておいて，子どもたちが忘れた頃に取り組むと，実力テスト前のよい復習にもなります。

〈江口浩平〉

第 2 章　「かかわろうとする雰囲気」をつくる朝の会・帰りの会アクティビティ

11　ジェスチャーで集まれ！

■対象学年：全学年　■時間：5〜10分　■準備物：なし

ねらい　▶非言語のコミュニケーションを伝え合い，かかわろうとする雰囲気をつくる

アクティビティの概要

　テーマ（例：春夏秋冬で，どの季節が一番好きか）に沿って，グループづくりをするゲームです。その際，非言語コミュニケーション（ジェスチャー）だけを使います。普段，言語によるコミュニケーションが苦手な子どもでも，周りの動きをみて輪に入ることができます。年度はじめや，新学期最初のアイスブレイクとしてぴったりです。

進め方

❶「今日はグループ分けのゲームをします。みなさんは春夏秋冬でどの季節が一番好きですか？　自分が好きな季節を決めて，それぞれの季節ごとに分かれてください」

❷「ただし，特別ルールがあります。絶対に喋ってはいけません。全てジェスチャーで伝え合います。ジェスチャーとは言葉で伝えることではなく，体の動きで伝えることです」

❸「春夏秋冬，それぞれどんな動きで伝えられるか考えてグループ分けをしましょう。グループは何人になってもOKです。グループになったら座りましょう。後で答え合わせをします。時間は◯分です。では，スタート！」

❹教師は相手に必死に伝えようとしている子どもや，ジェスチャーがわかりやすい子ども，友達をグループに入れようとしている子どもを見ておきます。

❺「はい，そこまで。では答え合わせをします。グループごとにみんなで季節を言ってみましょう。せーの…」と順番に答え合わせをして，季節ごとに正しく集まれていたらハイタッチなどをして喜びます。間違えても，「ドンマイ！　次あるからね！」とフォローを入れます。

❻ふり返りをします。

[アレンジ]

　テーマを広く（例：好きな色は何か）したり，時間を短くしたり，座り方を指定（例：手をつなぐ）したり様々なバリエーションを楽しめます。テーマは子どもが指定しても面白くなります。

雰囲気づくりのポイント

- ジェスチャーで表現することが難しい子どもがいる場合があります。そのときは，あらかじめ教師がお手本を見せたり，「ジェスチャーが上手い友達は必ずいるから，その人の動きをよく見てごらん」と伝えたりして，子どもが取り組みやすい工夫をします。
- クラスが落ち着いていないときは，ジェスチャーできない雰囲気になりがちです。テーマ関係なしに，仲のよい友達同士で座るだけの場合があります。そんなときは，「グループになってるね！しかも喋ってない！グッド！」と認め，後々の活動での変化を期待します。
- とにかく教師が楽しむことです。教師が笑っていると，かかわり合おうとする雰囲気は強くなります。

評価のポイント

- 自分からグループづくりに参加しようとしている子どもや，ジェスチャーで一生懸命伝えようとしている子ども，ゲームに参加しにくい友達を仲間に入れようとしている子どもなど，積極的に活動する姿をみつけたら，大いにほめることができます。
- ジェスチャーが苦手で，全く動くことができない子どもも，まわりの友達に助けられながらグループになれたらOKです。大切なのは，かかわり合うことで，子ども同士のつながりを強くすることです。

日常化のポイント

　「仲間に入れてもらってどんな気持ちがした？」と聞き，友達とかかわることの気持ちよさをシェアします。（特に普段からコミュニケーションが苦手な子どもに聞きます。）周りの子どもも「仲間に入れることへの価値」を見出します。子ども同士のつながりが強くなるきっかけになります。

〈笹　祐樹〉

 漢字でだーれ？

■対象学年：全学年　■時間：5〜10分　■準備物：なし

▶ゲームを通して，特定の子どもにスポットを当て，かかわろうとする雰囲気をつくる

アクティビティの概要

　子どもの名前に使われている漢字をヒントに，誰のことを言っているのか当てるゲームです。お題になった子どもへのかかわりや子ども同士のつながりも強くなります。また，漢字の学習にも使えるので，国語の導入にもぴったりです。

進め方

❶教師が子ども1人の名前に使われている漢字の特徴を言います。
　「今から『漢字でだーれ？』をします。先生がクラスの誰かの名前に使われている漢字の特徴を言うので，それをヒントに誰のことを言っているのか当ててください」
　㈎中西太郎君
　「苗字は2文字で，最初の漢字の画数は四角です」「苗字の2文字目は太陽がしずむ方角です」など，次々と特徴を提示し，子どもたちに誰の漢字のことを言っているのか当てさせます。
❷正解するまで続け，お題になった子どもに注目させます。
　「今日の『漢字でだーれ？』の答えは○○君でした！　みんなで拍手をしましょう！」
❸ふり返りをします。

[アレンジ]
　時間制限をしたり，ヒントを3ヒントまでにしたりして，難易度を上げることができます。慣れてきたら子どもがお題を出しても面白いです。

雰囲気づくりのポイント

- 普段から友達とコミュニケーションを取ることが苦手な子どもをお題に出し，かかわり合いのきっかけをつくります。
- 漢字の特徴だけでなく，「この人は超イケメンです」とか，「班のリーダーいつもありがとう！」などのヒントを出すと，漢字が苦手な子どもも楽しく参加できます。
- 外国籍の子などカタカナ表記の子どもがいる場合は，「名前は全部で○文字あります」など漢字を使わない工夫をします。

評価のポイント

- 画数や部首など，その漢字を表す特徴を正確にとらえているかを確かめます。「なぜその漢字だと思いましたか？」と発問し，クラス全体にシェアします。それにより，楽しく漢字の学習ができ，知識の定着につながります。
- ゲーム後，子ども同士のかかわり合いを評価します。例えば，「最後に○○君に大きな拍手をしてくれた人がいました。大きな拍手をしてもらえると○○君も嬉しい気持ちがしますね。ありがとう！」と子ども同士がつながろうとしているところをほめます。

日常化のポイント

　「今日のゲームで答えを言うとき，正解ではなくても，誰かの名前を呼んでいましたね。正解だったときは，お題の友達に拍手を送っていましたね。名前を呼んだり拍手が起きたりすると，どんな気持ちがしますか？」と投げかけ，子ども同士のつながりや，あたたかい雰囲気の心地よさを感じさせることが大切です。他の時間で同じようにあたたかいかかわり合いがみられたとき，大いにほめることができます。

〈笹　祐樹〉

13 アパッチ

■対象学年：1〜3年生　■時間：5〜10分　■準備物：なし

ねらい ▶ゲームを通して，友達とかかわろうとする雰囲気をつくる

アクティビティの概要

　教師が言った呪文を聴いて，決まった動作をみんなでするゲームです。はじめはゆっくりと1つずつ言っていきますが，慣れてくるとスピードを上げたり，連続して言ったり，呪文を増やしたりしてさらに盛り上がることができます。
　楽しい雰囲気の中，自然と学級の友達とかかわろうとする雰囲気が生まれます。

進め方

❶「今から『アパッチ』というゲームをします」
❷「先生が『アパッチ』と言ったら，両手を頭の上にのせます」
❸「先生が，『アパランチ』と言ったら近くにいる友達とハイタッチします」
❹「先生が，『イリコイ』と言ったら，よい姿勢で座ります」
❺「先生の話をよく聞いて，動きましょう」

[アレンジ]
- 呪文，動作は何でもいいので，クラスの実情に合わせてアレンジしてみてください。友達とかかわるような動作を取り入れることで，かかわる必然性も出てくるのでいいですね。
 (例)○○に触る・じゃんけんをする・ほめ言葉を言うなど…。
- 慣れてきたら，スピードを上げたり，新しい呪文を増やしたり，2つの呪文を言ったりするとより盛り上がります。
- 体育館や運動場でもすることができます。

雰囲気づくりのポイント

- はじめは「これならできる」という安心感をもつことが大切です。一つ一つの呪文を丁寧に繰り返し，「できた」という実感をもたせるようにします。
- 楽しくなりすぎると，ふざけたり危ないことをしたりしてしまう子どもが出てくるかもしれません。そのときは，一度全体を止めてルールを再確認します。
- 呪文の1つには，落ち着いて話を聞けるような動作を入れておくとゲームがスムーズに進みます。
 (例)よい姿勢で座る・体育座りをする・「きをつけ」をするなど…。

評価のポイント

　まずは，恥ずかしがらずに取り組んでいる子どもを評価しましょう。自己開示することを価値づけることで，ゲーム以外の中でも自分を表現することができるようになってきます。また，クラス全体で取り組み，楽しい雰囲気になっていけば，自然とかかわり合う雰囲気も出てきます。

　かかわり合う雰囲気が出てきたら，仲のよい友達だけでなく，いろいろな子どもとかかわっている子どもを評価します。低学年のうちに男女関係なくかかわることができれば，高学年になってからもかかわり合うことに抵抗を感じることが少ないと考えられます。

> **日常化のポイント**
>
> 　短い時間でできるゲームなので，朝の会・帰りの会だけでなく少しの隙間時間などにも繰り返しできるアクティビティです。
> 　呪文と動作を固定化しておくと，様々な場面で，使うこともできます。子どもたちと一緒に呪文や動作を考えていくのも，楽しく日常化していく手立ての1つです。

〈堀口健太〉

14 イラスト大喜利

■対象学年：全学年　■時間：5〜10分　■準備物：人や生き物の写真，イラスト

▶ゲームを通して，友達とかかわろうとする雰囲気をつくる

アクティビティの概要

　間違うことに抵抗感をもち，自分の意見や考えを発表することにためらう雰囲気はありませんか？　このゲームは，人や生き物の写真・イラストを見て何を言おうとしているかを想像し，意見を発表し合うものです。お互いの意見を聴き合うことや間違いがないという安心感から，子どもたちの発表が活発なものになります。また，みんなで笑い合う中で，クラスの雰囲気がかかわりやすい雰囲気になります。

進め方

　事前の準備として，教師は写真やイラストを拡大印刷したものを用意しておきます（テレビに映したり，黒板に手描きしてもいいと思います）。

❶「『イラスト大喜利』というゲームをします」
❷「今から先生が見せる写真（イラスト）を見て，写真の中の人（生き物）が何を言おうとしているかを予想して発表してください」
❸「正解はないので，間違いもありません。頭を柔らかくして，どんどん発表していきましょう」

[アレンジ]
- 写真やイラストを子どもたちがイメージしやすいようなものに工夫するとゲームが盛り上がります。
- 学級全体で行うもよし，ペアやグループで取り組んでも大丈夫です。

雰囲気づくりのポイント

- 一人一人の子どもの意見をしっかりと受け止め，あたたかくフォローしていきましょう。教師やクラスのみんなが聴いてくれるという安心感が，活発な発表へとつながっていきます。
- 発表をしない子がいるかもしれませんが，それでもOKです。友達の意見を聴くことが，参加していることになります。
- 同じ子どもばかりが発言して，他の子が意見を発表しづらいことがあるかもしれません。そのときは，「発表は○回まで」などのルールをクラスで決めると円滑にゲームが進みます。

評価のポイント

　評価のポイントの1つ目は，自分の意見を話すことができたかどうかです。クラス全体での発表だけでなく，友達と相談をしていた子などもゲーム後の全体交流の中で価値づけていきます。

　2つ目は，友達の意見を聴くことができたかどうかです。自分の意見を考えることに必死になって，友達の意見を聴くことができていない子がいるかもしれません。しっかりと友達の目を見て聴いたり，あいづちを打つことができることを価値づけていきましょう。

> **日常化のポイント**
>
> 　自分の考えを積極的に発表すること，友達の考えをしっかりと聞くことを楽しみながら，日常化していくことができます。
> 　また，みんなが聴いてくれるという安心感が出てくると，自然と友達とかかわろうとする雰囲気も出てきます。
> 　しっかりとかかわり合いながら学習することの大切さを，価値づけていきましょう。

〈堀口健太〉

15 名前の冒険

■対象学年：全学年　■時間：5〜10分　■準備物：名刺（必要であれば）

▶自分の名前，友達の名前を大切にし，かかわろうとする雰囲気をつくる

アクティビティの概要

　名前がどんどん移り変わっていくゲームです。出会った友達と自己紹介をして握手をします。そうすると名前が交換されます。次に出会った人には，1つ前に出会った人の名前を使って自己紹介をします。友達の名前を使って自己紹介をする機会はなかなかないので楽しく行えます。朝の会に組み込んで行えば楽しくあいさつを交えることができます。

進め方

❶「今から『名前の冒険』をします。ルールを説明します」
❷（例を見せる）AはBと向かい合い，CはDと向かい合います。
　　A「おはよう，僕の名前はAです」　B「おはよう，Bです」（握手する）
　　C「おはよう，僕の名前はCです」　D「おはよう，Dです」（握手する）
❸「ここからが大事です。よく見ていてね」
　　A「おはよう，僕の名前はBです」　C「おはよう，Dです」（握手する）
❹「このように出会った友達の名前を使って次の人とあいさつをします。その次の人とは，1つ前に出会った友達の名前を使ってあいさつをしましょう」
❺ゲームをします。
❻「自分の名前がどこに行ったか探してみましょう」
❼「たくさんの人が自分の名前を大事に使ってくれたね。次回は名前の前に好きな○○を付け足して自己紹介をしていくよ。楽しみにしていてね」
　（例：バスケットボールが好きなAです）

[アレンジ]

●つい1つ前の友達が誰だったか忘れてしまうときもあります。低学年は名刺を持たせ，交換させていくと間違えることはありません。
●慣れると「昨日〜をしたAです」のように文をつけても盛り上がります。

雰囲気づくりのポイント

- 自分からなかなか話すことのできない子どももいます。そのような子には教師が率先して話しかけにいきましょう。
- このゲームは，友達の名前と好きなものなどを知ることができます。たくさん話せば話すほど，いろんな情報を知ることができます。
  最後に「Ａさんの好きな食べ物は何でしょう」とクイズを出すと，Ａさんの名前が回ってきた人は答えることができます。「それ知ってる！」「何やったかなあ」と子どもたちが笑顔でかかわる姿を見ることができます。
- このゲームは，１つ前の情報を間違えたりすると，最終的に名前が増えたり，なくなったりすることもあります。そんなときも教師が明るくリアクションをとると失敗も笑いになるはずです。

 評価のポイント

　ゲームが終わった後，ゲーム中にどんどん自己紹介をしていた子どものことを「このゲームは友達の名前と好きなものを言うよね。○○さんは，たくさん声をかけることによって友達のことをいっぱい知り，またみんなに友達の好きなものを教えてあげることもできていました。すごい！」とみんなの前でほめます。

　「大事な自分の名前を相手に渡せるっていうのは，相手を信用しているからだね。自分の名前，友達の名前を大切にできるということは，自分や友達を大切にしているということです」と声をかけると，子どもたちも笑顔でたくさんのかかわりを増やしていくことができます。

日常化のポイント

　このゲームでは，普段あまりかかわることのない友達のことも間接的に知ることができます。自分と同じ趣味があったり，気になっていたことを知ることができたりと，子どもの仲を深めるきっかけになります。新学期や学期はじめにすると，おしゃべりのネタになること間違いなしです。

〈森　桂作〉

16　S（＝スモール）1グランプリ

■対象学年：全学年　　■時間：5～10分　　■準備物：紙

　▶ 友達と数字を予想し，話し合うことでかかわろうとする雰囲気をつくる

アクティビティの概要

　隣の友達と話し合いながら，紙に1から50までの数字を1つ書き込むゲームです。一番小さな数字を書き込んだ人が勝ちですが，書き込んだ数字が誰かとかぶっていたらアウトになります。1や2という数字が優勝するとは限りません。いかにみんなが思い浮かばない小さな数字を隣の人と予想することによって，かかわりをつくっていきます。

進め方

❶「ただいまより，S1グランプリを開催します！（拍手する）」
❷「Sとはスモールという意味で，1から50の中で一番小さな数字を書いたペアが優勝です」
❸「ただし，自分たちの書いた数字を，他のペアの人たちが書いていたら，その数字を書いたペアはアウトになります。1や2という数字が優勝するとは限りません。いかにみんなが思い浮かばない小さな数字を隣の人と予想し，記入できるかが勝負になってきますよ」
❹「お隣の友達と話し合って1から50までの数字を1つ書きましょう」
❺教師は50からカウントダウンしていきます。子どもは，自分たちの書いた数字が読み上げられたら紙を持って手を挙げます。
❻このようにカウントダウンしていき，最後の時点で一番小さな数字を記入していたペアが優勝となります。

[アレンジ]
- 数字を1から10にして班対抗で話し合って勝負を行ったり，班の中での個人戦を行ったりしても盛り上がります。
- S1だけでなく，B（ビック）1グランプリにしても楽しむことができます。

雰囲気づくりのポイント

- このゲームは，数字を予想するだけなので，知識はいりません。単純なことを予想するのは全員ができることなので，子どもも積極的に話し合うことができます。
- 黒板の前に1位のイス，2位のイス，3位のイスというように3ペア分のイスを用意します。教師が「現在第1位は○○さん，△△さんペアです」と言ってそのペアを1位の席に座らせ，実況報告をするととてもクラスが盛り上がります。「おおーっと，○○さん，△△さんペアが2位になってしまった！」という風に教師が司会となって盛り上げるのも大事です。
- 勝者が1位だけでなく，3位や5位まで発表しても盛り上がるのでやってみてください。

評価のポイント

　このゲームでは，ただ他の人とかぶらずに小さな数字を記入すればよいということではありません。どれだけ友達と話し合うことができていたかが大事になってきます。「ここのペアは残念ながら他のペアとかぶってしまってアウトになったけど，とても一生懸命に話し合っていたよ」「○○さんは，前にこのゲームをしたとき『3』という数字で優勝したから今回はみんながそれをねらうかなと予想したことを伝えていたよ」と教師がみんなの前でほめましょう。
　「友達と協力する（話し合う）大切さ」に関する子どもの発言や行動を認め，価値づけていきましょう。

> **日常化のポイント**
> 　ここでは，数字を予想するという単純なことを話し合います。これを続けることで，次はもっと難しいことを話し合うことができるようになってきます。隣が話し合えたら，次は班，そしてクラス全体に広がります。こういった小さなかかわりが大きなかかわりになるように，普段から「協力すること」を大切にしている子どもの発言や行動を全体に伝え，クラスの雰囲気を高めていきます。

〈森　桂作〉

17 たましいのあくしゅ

対象学年：1〜3年生　　時間：5分　　準備物：なし

ねらい ▶ 友達とのふれ合いの中で，かかわろうとする雰囲気をつくる

アクティビティの概要

　2人1組で握手をして，心の中で決めた数だけ手をにぎります。自分と相手が同じ数だけ，手をにぎると嬉しい気持ちになります。体のふれ合いを通して，友達とかかわるっていいな，友達とつながったという実感をもたせるアクティビティです。

進め方

❶「心の中で『1・2・3』の中から数字を1つ決めましょう」
❷「ペアの人の手をにぎりましょう。目も合わせましょう」
❸「『たましいのあくしゅ！せーの！』のかけ声の後に決めた数だけ手をぎゅっとにぎります」
❹同じ数字を選んでいると終わるタイミングが同じになります。
❺ペアと同じタイミングで終わったら，ハイタッチをします。違っていたら，もう一度チャレンジします。

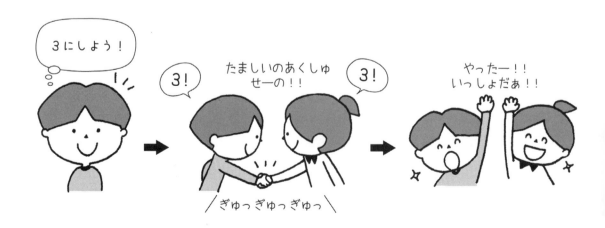

[アレンジ]

　慣れてきたら,「○○が好きな□□□です」とお互いが言い合ってから,「たましいのあくしゅ」をする『自己紹介たましいのあくしゅ』にしたり,ペアで数字がそろったときの喜びをハイタッチではなく,違うポーズにしたり,子どもたちの意見を取り入れながら発展させていくと面白いです。

♥ 雰囲気づくりのポイント

- まず,心が通じ合ったときに大きく喜び,自分を出してもいいんだと思える雰囲気をつくることが大切です。また,言葉を使わず,人に自分の思いを伝えることは難しいなと気づくことも大切です。なので,「はじめからぴったり合わないのは当たり前。ぴったり合わなくて失敗してもOK！」と伝え,合わないときにどうするか子どもたちと考えていきます。
- なかなか相手と自分の決めた数字がそろわなくて,困っている子どもが想定されます。その場合,「『1・2』『0・1』から数字を1つ決めましょう」など選択肢を減らしたり,せっかく目を合わせているので「アイコンタクトで相手の心を考えてもOK！」など,工夫して,どの子も相手とぴったり心が通じる喜びを感じられるといいですね。
- 席替えの後は,隣の人・前後の人・ななめの人など相手を代えることにより,たくさんの友達とかかわることをめざします。はじめは個と個が結びつき,慣れてくると4人組で「たましいのあくしゅ」をするなど人数を増やしても楽しめます。

★ 評価のポイント

　楽しく友達とかかわろうとしていることを大切にします。
- 相手の目をしっかり見ている。
- 思いっきり感情を表現している。
- 何度もチャレンジしている。

　相手と楽しい雰囲気で活動できているかを評価して,価値づけていきます。

日常化のポイント

　アイコンタクト・スマイル・ジェスチャーはコミュニケーションの基本です。アクティビティを楽しみながらコミュニケーションの大切なポイントを子どもたちに伝えられるといいなと思います。
　1年生で数字の1・2・3の学習をした後にこのアクティビティをすると,学びのあとに友達とつながれたことにより,学びの喜びを友達と一緒に感じることができます。

〈菱本恵理子〉

18 タッチ de もしかめ

■対象学年：1～3年生　■時間：5分　■準備物：なし

　▶友達とのふれ合いによって，あたたかくかかわろうとする雰囲気をつくる

アクティビティの概要

　リズムに合わせて友達と手をたたき，友達とかかわることの楽しさを感じるアクティビティです。また，リズムの心地よさを感じながら，誰にでもできる動きを取り入れ，体と頭のウォーミングアップになるので朝の会にぴったりです。

進め方

❶「うさぎとかめ」を歌います。

❷ペアをつくります（AとBとする）。

❸Aは右手を胸の前でグー，左手をのばしてパーから始めます。
　つぎに，右手は前に出してパー，左手はひっこめて胸の前でグーにします。
　Aは，この2つの動きを繰り返します。

❹Bは右手をのばしてパー，左手を胸の前でグーから始めます。
　つぎに，右手をひっこめて胸の前でグー，左手をのばしてパーにします。
　Bは，この2つの動きを繰り返します。

❺リズムに合わせて，ペアで顔を見ながら行います。パーのときはお互いの手のひらを合わせます（ペア練習タイム）。

❻ペアでチャレンジ（全員で歌う）。

[アレンジ]
- 「雪やこんこ」のリズムでもできるので，冬の寒い朝には曲を変えてチャレンジ。
- チョキとパー（パーを合わせる），グーとチョキ（チョキを合わせる）でやってみるなど難易度を上げても盛り上がります。

♡ 雰囲気づくりのポイント

- なかなか思い通りに体を動かせず，困ってしまう子どもが想定されます。はじめは「1・2」という声をかけながら，グー・パーの動きに慣れさせるといいでしょう。慣れてきたら，歌ってペアですると，誰でも取り組みやすくなります。
- ペア練習タイムで，歌のスピードやタッチのときの手の位置など，2人で作戦を練ります。2人の息が合ってうまくいったら，ハイタッチをするととても盛り上がります。
- 体を動かすことによって，頭と体を目覚めさせ，大きな声で歌うことでクラスの一体感が深まります。
- 超トップスピードでやると，なんだかぐちゃぐちゃになりますが（笑），子どもたちは笑顔になります。失敗もOKの雰囲気をつくることが大切です。

☆ 評価のポイント

- 息を合わせて活動しているペアに工夫を聞いてふり返りをします。「ゆっくりスピードで練習したよ」「グー・パーと声をかけ合ったよ」「目を見ながら息が合うようにした」などペアでの工夫を取り上げ，ほめます。
- 失敗しても，ペアで息を合わせて何度もチャレンジしているペアを評価することで，「失敗してもOK。でも，もう一度チャレンジしてみよう」という雰囲気をつくっていきます。
- 「ドンマイ！」「やったね！」とプラスの声かけができている子どもをほめ，教室の雰囲気を盛り上げていきます。

日常化のポイント

子どもたちがペアやグループで活動すると，うまくいかないことがたくさんあります。アクティビティを通して，自分の気持ちを言葉にして，話し合いをしていく姿勢を育てていきます。その体験を積み重ね，学習や生活の中でも自分たちで「こうしてみよう！」「こんな風にしたらうまくいったよ！」と声をかけ合い，自分たちで課題を解決しようとする姿が見られると嬉しいですね。

〈菱本恵理子〉

19 文字文字ミッション

- 対象学年：全学年
- 時間：5〜10分
- 準備物：黒板，チョーク

ねらい ▶ 協力しないと言葉が完成しない！というゲームで自然とかかわり合う雰囲気をつくる

アクティビティの概要

　マスを埋めていく要領で，テーマに沿った言葉を１人１文字ずつ回答して全員で完成させていくゲーム。朝の会や終わりの会だけでなく，授業の導入やちょっとした隙間時間にもすることができます。

進め方

❶ 主に教師が進めます。黒板に大きく５×５のマスを書きます。
❷ 横のマスに１〜５の数字，縦にア行やラ行など，好きな行を教師が書きます。
❸ テーマ（ミッション）を発表します。「今日のミッションは動物！」
❹ テーマに沿った言葉になるように，回答者は協力して１文字ずつ回答しマスを埋めていきます。
　㋐ Ａ「らの１，小さいつ！」，Ｂ「らの２，こ！」 ⇨「らっこ」の言葉が完成。
　　このとき，回答権は１人１回・１つの言葉に１回など制限をかけて多くの人が回答できるようにします。
❺ 制限時間以内に５つの言葉が完成すればミッションクリア！です。

[アレンジ]
- 個人回答だけでなく，班で埋めるマスと言葉を相談し，1つ答える，という班回答バージョンもできます。
- 慣れてきたら，「あは2文字」，「いは3文字」…などマスを消して文字数を制限しても盛り上がります。

雰囲気づくりのポイント

- どうしても文字がつながらないときは，思いついている子にヒントを出させるとどうにかして全員で答えようとする明るい雰囲気になります。
- テーマと選択した行によっては難易度が高すぎたり，あてはまる言葉がない！なんてことにもなるので，テーマを出す側はあらかじめ，回答可能かどうか考えておく必要があります。
- 《タ◯ムアタック》風に司会をすると非常に盛り上がります。
- ミッションクリアの際には班などでハイタッチをするのがおすすめです。

評価のポイント

　ゲーム中，もしくはゲームが終わった後に，みんなが気持ちよく回答できるような雰囲気がつくれていたかのふり返りをします。班での回答バージョンにしていたのであれば，言葉を決めるときの声のかけ方，個人回答であれば他の子がわかるためのヒントの出し方など。言葉がうまくつながらないとイライラする子もいるので，「言葉がつながったときに『ナイス！』とか，思ったものと違っても『それがあったかー！』って言ってたよね。『ドンマイ！』もよい声かけだよね」と，教師がこうあってくれたら嬉しい，という部分を見つけたらすぐにフィードバックすると，評価のポイントも明確になります。

日常化のポイント

　ゲームの中で「ナイス！」「ドンマイ！」という声のかけ合いが出てくると，それがゲーム以外の日常の中でも自然と出てくるようになります。人と協力して1つのものをつくり上げるとき，どのような言葉を使えば気持ちのよい雰囲気になるのかをゲームを通して話すきっかけになります。ゲームが楽しめている状態で慣れてくると，子ども達から「先生文字ミッションしよう！」という声が出てくるようになるので，すぐに対応できるようテーマをいくつか用意しておくとよいですね。

〈弘津啓子〉

20 1分間ミラーリング

対象学年：全学年　　時間：2～5分　　準備物：なし

 ▶ 相手の動きをミラーリングすることで相手に親しみをもつ

アクティビティの概要

やり方は簡単，1分間相手の動きを真似するだけ。だけど不思議とあたたかい空気が流れ，みんなが笑顔になっています。ペアで，班で，全体で…様々な形態でできるアクティビティです。朝の会におすすめです。

進め方

❶ まずは【主人公】を決めます。最初のうちは教師がするといいでしょう。
❷ 真似をする人は【ミラーさん】です。
　1分間，主人公がする動きの真似をします。
❸ 何人かのグループでやる場合は，1分経ったら【主人公】と【ミラーさん】が交代します。

[アレンジ]
- 教師対全員で動きを真似することに慣れてきたら，全体の前で【主人公】をする子を指名したり，真似する相手を班やペアにして人数を減らしたりすることでレベルを上げていきます。
- 声なし，声ありなどでもアレンジは広がります。
- 机の周りを回ったり，壁にタッチしに行ったり，教室内で自由に動き回れるようにしても盛り上がります。

♡ 雰囲気づくりのポイント

- まずは教師が見本を見せることで，「そういう動きをすればいいのか！」ということをわかってもらいます。このときに立ったり座ったり，その場足踏みをしたりと簡単な動きを入れておくと，恥ずかしがり屋な子も「それならできるかも」と安心します。
- 慣れてくると，変顔や芸人さんのような動きをするお調子者も出てきます。「相手を見て，この動きならしてくれそう，と考えながら動きをつくるのも【主人公】の役目だよ」と伝えておくと，無茶な動きや変顔も相手に無理強いできません。さらに，「恥ずかしかったら真似できなてもOK！」の雰囲気をつくっておくと，徐々に空気が柔らかくなっていき，のびのびと活動していきます。

☆ 評価のポイント

相手の真似を完璧にすることが，このアクティビティの目的ではありません。クラスには恥ずかしがり屋な子，自分を表現することが苦手な子，様々な子がいます。それをお互いに受けとめ合いながら，「この子は，これは恥ずかしいんだ」「これはできるんだ！」と理解していくことが目的です。そして相手の様子を見ながら「これはできる？」と思いやりをもつ姿が評価ポイントになります。「今，Aちゃんが恥ずかしがった動きはすぐにやめて，じゃあこれは？って違う動きに変えてあげてたよね。Aちゃんも嬉しかったんじゃないかな」と伝えていくと，【主人公】の意識が変わります。

日常化のポイント

相手と同じ動きをすることは，心理学的にも共感性を生むものとされています。
意識の有無にかかわらず，「真似る」「模倣する」という行為は相手に対する尊敬や好意の気持ちを表したものです。今回のアクティビティにはその狙いもありますが，相手の様子をよむ練習，というのも目的の1つです。遊び時間や給食時間などにも，「自分は楽しいけど相手はどうだろう？」と考えるようになってくれれば，嬉しいですね。

〈弘津啓子〉

第3章 「ルールやマナーを守る雰囲気」を高める朝の会・帰りの会アクティビティ

21 風が吹けば

■対象学年：4〜6年生　■時間：5分　■準備物：なし

ねらい ▶ 連想ゲームを通して，ルールやマナーを守ろうとする意識をつくる

アクティビティの概要

「風が吹けば桶屋が儲かる」とは，「思いがけないところで影響がでるたとえ」のことです。このゲームでは，ルールやマナーについて，「守らなかったらどうなるだろう」と想像し，みんなの考えをつなげていきます。「○○と言ったら，□□」というように，○○から連想された□□を挙げながら，順番に言っていくことで，ルールやマナーの意義について理解することができます。

進め方

❶（第1回目の活動のときや国語の時間などで，事前に「風が吹けば桶屋が儲かる」ということわざについて学習し，内容に興味をもたせておき）「『風が吹けば』ゲームをします」
❷「今日のテーマは，『廊下を走れば』です」
❸「座席の縦一列で行います。『廊下を走れば』どうなるのか，前から順番に発表していきます。自分の番が回ってきたら，前の人が言ったことを『〜ば』で受けて，連想したことを発表しましょう」
❹「例えば，前の人の『廊下を走れば，友達とぶつかる』と言ったら，次の人は，『友達とぶつかれば，転ぶ』，また次の人が，『転べば…』というように後ろの人まで続けます。最後の人が終わったら，着席して待ちます」
❺「では，全員起立。用意，スタート！」
❻「最初に発表した人と，最後に発表した人の内容を確認してみましょう」

[アレンジ]
　座席の横一列だけが起立して行い，他の人は聞いて感想を述べる形式や少人数のグループで輪になって行う形式など，テーマやクラスの状況，時間に応じて変えることができます。

💛 雰囲気づくりのポイント

- テンポよく進めることより，子どもたち一人一人が考える時間を大切にして待ちます。しっかりと連想する時間を保障しましょう。
- 連想から思いついた関連性のある内容であれば，ある程度は飛躍した展開を発表しても，よいことにします。
- クラスの現状に即したテーマにすると効果があります。また，学校の課題や世の中の問題など，大きな内容を扱うと，自分たちから挑戦してみようとする意識が芽生えます。
- 子どもから「あり得ないよ」「起きる可能性低いでしょ」などと否定的な一言で，一蹴しようとする感想が出てくることもあります。「想像できたということは，起こるかもしれないこと。確率は低くても連想できたことは，自分の言動が起こしてしまうかもしれない。『想像したことは実現できる』という言葉もあるよ」と穏やかに伝えます。
- 「廊下歩行」というマナーをお題にしてゲームを行う際に，「廊下を走れば」と「廊下を歩けば」では，子どもたちが連想する内容が変わってきます。他にも，「チャイム着席」というきまりであっても，「チャイムを守れば」と「チャイムを守らなければ」では，やはりその言葉がもつイメージで変わってきます。ねらいと実態に合わせて選んでください。

⭐ 評価のポイント

ゲームの終わりに，感じたことや考えたことなどを聞いていきます。すると，「想像できた内容に納得できた」や「予想を超える展開に驚いた」などのふり返りがあります。さらに，「自分がやっていることの影響力を知った」や「自分が守るとみんなも守られるんだ」といった言葉が出てきます。「みんなが『自分のこととして考えたこと』や『周りの人のことを思って考えたこと』が素敵ですね。今から自分にできることはあるかな？」と価値づけをして，そこから行動につながるように伝えます。

> **日常化のポイント**
>
> 　「風が吹けば」を合言葉にすると効果があります。「廊下を走るな！」と言いっ放しの注意をするよりも「あれ，『風が吹けば』どうなるんだっけ？」と声をかけると，「誰かとぶつかります」「そうでした」「すみません」と立ち止まり，会話をして行動をふり返る時間が生まれます。
>
> 　廊下を走っている子をみかけ，「みんなの人生が悲しくなるよ」と注意している子もいました。

〈八長康晴〉

みんなで目標達成・ダァーーッ!!

■対象学年：4～6年生　■時間：10分　■準備物：週目標達成度グラフ

 ▶ クラスの週目標を決め，その達成度を「可視化」し，ルールやマナーを守る雰囲気を高める

アクティビティの概要

　月曜日の帰りの会に，週目標を決め，金曜日の帰りの会でふり返り，達成度を決めます。達成度は，みんなの拍手で決めます。帰りの会の最後，「さよなら」に続いて，日直からの一言が合図となり，全員で「ダァーーッ!!」と言いながら，拳をあげます。この活動を続けることで，子どもたちで目標を決め，グラフによって取り組みを可視化でき，規範への意識が高まります。高得点で拍手が集まると，クラスが喜びの一体感で包まれ，明るい「ダァーーッ!!」が教室に響き渡ります。

進め方

❶週目標をつくる係を決め，発表します。

❷月曜日の帰りの会：「今週の目標は，『自分からあいさつをする』ですね。34人全員で時間を守り，意識して取り組んでいきましょう」

❸金曜日の帰りの会：「今週の目標は，『自分からあいさつをする』でした。ふり返ってみて，どうでしたか」

❹「自分自身の取り組みと，クラスの様子をみて，何点をつけますか。まずは，自分の心の中で決めてください」少しの間，待ちます。

❺「では，みんなで決めていきましょう。自分が決めた点数のところで拍手をしましょう」
教師は，グラフの０点の地点から徐々に100点にむけて上げていきます。100点に到達する間で，拍手が多かったところを覚えておきます。

❻「今週の目標は，90点のところが多かったですね。どうですか。意見がある人はいますか」
教師は，理由や思っていること，伝えたいことがある子どもの声を聞きます。

❼「友達の意見を聞いて，最終決定をしていきましょう」もう一度，❺を行います。

❽「今週の目標の達成度は，95点でした。意識して取り組んでいる人が増えてきましたね」

❾「では，来週も元気に会いましょう」「さようなら」
全員：「さようなら」

❿日直：「自分から進んであいさつできるようになったん」　全員：「ダァーーッ!!」

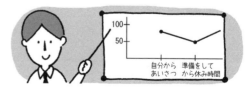

雰囲気づくりのポイント

- 目標づくりに時間をかけてしまうと，モチベーションが下がり煩雑になりがちです。そこで，学級の係活動において，週目標のつくる係を設立しておきます。係が，意見箱を設置したり，みんなに聞いて回ってみたりと，工夫して活動できるようにします。
- 達成度を拍手によって集め，数値化するところがポイントです。1回目の拍手で点数を決めてしまうのではなく，友達の意見を聞く時間，見つめる時間をつくることを大事にします。あえて，あまり拍手が集まらなかった点数で手を叩いた子どもの声を聞くと，そこで拍手をした子の疎外感をなくし，周りの子どもたちにとっては，ふり返りの視点を増やすことができます。また，到達度が高いと判断できる場合は，1回目の拍手で点数を決定した方が達成感を増すことができます。
- 「学習の約束を守る」や「生活のきまりを守る」などの規律を遵守しようとする目標だけではなく，「お互いが助け合い，認め合うためにできること」や「クラスを明るく，楽しい雰囲気にするためにできること」など，協調性を向上させる目標を加えていくと，ただ目標を立てるという恒常化を防ぐことができます。

 評価のポイント

　達成度の点数が高いか，低いかで評価をしないように心がけます。「ふり返って，見つめること」を大事にします。低い点数で評価したときには，「どこが課題だと思う？」や「それだけ，厳しくみているんだね」と，子どもたちが「次も，がんばろう」と思うような声かけをします。「先生もそうだと思うなぁ。みんなで，意識して取り組んでいたよね」と，受容的な態度を心がけます。

> **日常化のポイント**
> 　火曜日から木曜日の帰りの会では，目標の達成に向けた取り組みの様子について，簡単にふり返りを行うと効果をあげることができます。子どもたち同士で「力を合わせたこと」や「こうすると，もっとよくなる」など前向きな意見や建設的な具体策を伝え合うようにします。
> 　教師が子どもの週目標の達成にむけた行動を見かけたときに，すかさず，「おっ，やっているね」「いいね」「すごいね」と声をかけ，適切な行動をその場で認めていきます。

〈八長康晴〉

23 かいだんレベルアップ

■対象学年：1〜3年生　■時間：5〜15分　■準備物：なし

 ▶ 声を出したりキビキビ行動したりすることのよさを体感させる

アクティビティの概要

　朝の会で，班のがんばりに応じてレベルが上がるゲームです。歌や詩の暗唱などで声を出したり，キビキビと行動したりすると，班のマグネットが階段を上がっていきます。自分たちのがんばりが目で見てわかるので，子どもたちは全力で取り組むようになります。楽しみながら，一生懸命がんばろうとする雰囲気をつくることができます。

進め方

❶（朝の会が始まる前に）黒板に階段の絵を描きます。
❷班の番号が記入されているマグネットをはります。
❸ルールの説明をします。
　「『かいだんレベルアップ』をします。今日のテーマは，声です。はっきりと，おなかから声を出している班は上の段へと上がっていきます」
❹朝の会を始めます。
❺声かけをしながら，マグネットを上げ下げします。
　「3班，口がはっきりとあいているね」
　「2班，声がそろっているよ！」
❻朝の会が終わったところで，ふり返りをします。

［アレンジ］
　1時間目や2時間目の授業まで続けてやることも可能です。ただし，あまり長くやってしまうと，飽きてしまい，逆効果になります。

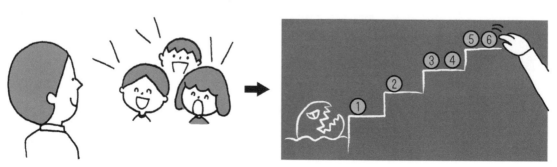

雰囲気づくりのポイント

- 繰り返しこのゲームをやろうとしても，何度も同じ絵をつかっていると，子どもたちは飽きてしまいます。次のような色々なバリエーションの絵を描くと，子どもたちは「今日はどんな階段なんだろう」と楽しみにするようになります。

- ゲームをしている中で，「お前のせいで下がったじゃないか！」と班の仲間を責めたり，「あの班，できてないよ！」と他の班を指摘したりすることがあります。そういうときは，文句を言った子の班のマグネットを下げます。「みんなが楽しくがんばれるようにするためのゲームです。いやな雰囲気にするのはダメです」と軽く注意をします。そうすると，文句の声は少なくなります。ただし，その後できるだけ早めにその班のマグネットを上げてあげるようにします。
- 一番上の段までたどりついたら，続きをかき足します。階段を続けてかいたり，新しい絵を描いたりすると，子どもたちも意欲を保つことができます。

 評価のポイント

ほかのテーマでは，「姿勢」「スピード」「協力」などが適しています。
「背筋まで伸びているね！」「仲間で声かけをし合っている。素敵だなあ」などと具体的にほめてマグネットを上げ下げすると効果的です。
また逆に，にっこりとほほ笑みながら，何も言わずに上げ下げするのも効果を発揮します。「どうしてあの班は上がるのだろう？」と考えるきっかけになります。

日常化のポイント

「その声が，みんなの全力の声なんだよ。みんなそういう声を出すことができるんだよ」と確認した上で，「このゲームの間だけ声が出せればいいのですか」と問います。もしもほかの時間で声が出ていないときは，「階段レベルアップをしていたときは，もう少し出ていたよ」と声かけをすることもできます。

【参考文献】
西野宏明著『新任3年目までに必ず身に付けたい！子どもがパッと集中する授業のワザ74』明治図書　2015年

〈三好真史〉

連絡帳名人

■対象学年：全学年　■時間：5分　■準備物：なし

　▶連絡帳を丁寧に書こうとする習慣を身に付けさせる

🌸 アクティビティの概要

　連絡帳のチェックで，連絡帳の字がきれいになればなるほど級が上がるゲームです。子どもたちは，進級しようと考え，丁寧に連絡帳の字を書くようになります。それまで書いてきたノートを見返せば，進級するとともに，字が上手になっていく過程を見ることができ，成長を感じることができます。保護者の方も「連絡帳の字がきれいになりました！」と喜んでくれます。

進め方

❶説明をします。
　「今日からみなさんには，連絡帳名人になってもらいます。先生がサインするところに，級の数字を書きます。20級からスタートします。みなさんの字が，昨日の字よりきれいになっていれば，19級，18級と，1つずつ下がっていきます。きれいになっていなければ，その級のままです」

❷連絡帳をチェックします。
　1人ずつ持ってこさせてチェックします。

❸ポイントを伝えます。
　進級できるときは，「すばらしい！」「よし，きれいになったね！」などテンポよくほめます。進級できない場合は，「もう少しこの字のはらいを丁寧にしたいね」「この字と字の高さを揃えたいね」など，具体的なポイントを指摘します。次の日，その部分が改善されていれば進級させます。

雰囲気づくりのポイント

- 20級からスタートして，1級まで下がります。1級のつぎは，段になります。1，2，3段と上がっていきます。この上限はありません。とても努力する子ならば，30段や40段まで進むことができます。
- 数字を丸で囲むと級，三角で囲むと段を示します。
- 時々，黒板に字を書きながら字について解説をします。「この字は，この部分のはらいがポイントなんだよね」など細かく説明します。そうすることで，子どもたちも気をつけてその字を書くようになります。
- 1～2か月ごとに，「これまでの連絡帳を見返してごらん」と声をかけます。子どもたちは，自分自身の字の成長に気づき，ますますきれいな字を書こうとするようになります。
- 級を自慢したり，級が上がらず落ち込む子もいます。人と級を比べて競うのではなく，あくまでも自分自身との勝負であることを伝えます。

評価のポイント

　教師は必ずその子の前日の字と今日の字を見比べるようにします。昨日よりも少しでもよくなったところを見つけて，認めるようにします。また，この作業をすることによって，家の人からの連絡が書かれていないかどうかも確認することができます。

　評価するポイントは，「とめ」「はね」「はらい」「曲げ」「字の大きさ」「字の位置」などです。きれいに書くことができている子どもの連絡帳を見せて，「こうやって書くといいね」と大切なポイントを確認すると効果的です。

日常化のポイント

　教科のノート指導において，日常化を図ります。美しく書けている場合は「おっ，きれいな字。さすが○級だね」とほめます。また，汚い字を書いている場合は「○級として，その字はよくないなあ。連絡帳に書いているくらいの字で書くんだよ」と注意します。

　毎日少しずつ連絡帳の字を美しくすることで，丁寧に字を書く習慣を身に付けさせたいものです。

〈三好真史〉

25 普段は言えないけれど ゲーム

■対象学年：4年生以上　■時間：5分　■準備物：B5判の紙，筆記用具

ねらい ▶ クラスの現状を知り，全員で問題（課題）を共有し，解決する

 アクティビティの概要

　クラスの一人一人に紙を配り，その紙に，普段は言えないけれど，このクラスの「ここだけは勘弁！」と「いつもは言えないけれど感謝していること，好きなところ」というものを書いてもらいます。紙を回収し，その場で教師が読み上げます。

　問題点を指摘し，課題に向かわせたいときに使用するアクティビティです。また，感謝していること，このクラスの好きなところを共有することで，クラスの士気も高めます。

進め方

❶「これから白紙を配ります」

❷「その紙に，

> ①このクラスのここだけは勘弁！
> ②このクラスに感謝していること（または，好きなところ）

を書きます」

❸「書けたら，後ろから前に送ってください。名前は書かなくて構いません」

❹「今から私が読み上げます。順番はバラバラに読んでいきますので，誰が書いたものかはわかりません」

❺全部は読みません。ざっと見て，多そうな課題で，教師も課題だと思っているものを多く読みます。

❻達成したい課題などについて，班でまとめたり，時間がなければ，学級委員や教師がまとめたりします。

 雰囲気づくりのポイント

- 普段から問題に思っていることが出されますが，決して暗くならず，さわやかで，優しい雰囲気が保たれるとよいと思います。そのためには，面白い回答をわざと選んで共感したり，教師としてのＩメッセージを伝えることも大切だと思います。
- 書かれた課題の中に，子どもの命が脅かされるような文があった場合には，読み上げず，後でその子を個別に呼び出し，フォローします。（匿名で活動する場合については，重大な問題は書かずに，個別に教師に相談するように言うなど，指導言をコントロールします。）

 評価のポイント

クラスの問題点の指摘に終わるだけではなく，感謝していること，好きなところも強調しましょう。クラスに対する愛着や，帰属意識につながります。

> **日常化のポイント**
>
> 行事の前後などに行うと，クラスとしての一体感にも結びつきます。
> また，保護者会前などには項目を変え，「保護者のここだけは勘弁！」と「保護者に感謝していること」を書いて，保護者会で読み上げると，子どもたちと保護者をつなげるよい機会になります。
> また，保護者会では「子どものここだけは勘弁！」や「感謝していること」を書いてもらい，後日クラスで発表することにより，子ども達にも保護者の考えを還元することができます。

〈柴﨑　明〉

26 制服ファッションショー

■対象学年：中学1～3年生　■時間：5分×生活班　■準備物：制服，採点用紙

 ▶制服の着こなしを通じて学校の決まりを守るメリハリのある雰囲気をつくる

アクティビティの概要

生活班毎に制服を校則通りに着こなし，他の班から評価を受けます。緩みやすい時期に，服装を整えさせることにより，メリハリをつけるアクティビティです。

進め方

前提として，制服ファッションショーウィークを設定します。それぞれの曜日の帰りの会で，1班ずつ制服が校則通りに着こなされているかを判定します。

❶「制服ファッションショーをします」
❷「○班は服を整えて，前に出てきてください」
❸指名された班は1分間でお互いにチェックをして出てきます。音楽がかかると雰囲気が出てよいです。
❹項目毎にチェックします（髪型，服装，スカート丈，ゴムの色，爪など）。
❺着こなし度を1～5で採点します。
❻すべての班がチェックを受けたところで，着こなし度を判定します。

雰囲気づくりのポイント

- 中学生は進学などのために制服を着て外に出て行く機会が多くあります。正しく制服を着用することにより，社会人として恥ずかしくない身だしなみを身に付けさせることは大切なことです。
- 服装チェックなどとしてしまうと，管理的になり，また，互いを監視させてしまいクラスの雰囲気が悪くなりがちです。ファッションショーという形態をとり，服装検査というよりも，日頃から身だしなみに気をつけていこうとする雰囲気を育てたいものです。
- 雰囲気を壊さないためには，教師の進め方が大事です。ファッションショーですから，明るく楽しく進めます。チェックにひっかかった場合は，「はい，ざんねーん。『お色直し』が必要ですね〜」などとユーモアを交えて，指導しましょう。
- 普段から，「服装は自分の人格を示すものである」，「人は見た目で判断するものではないけれども，世の中は見た目で判断されることも多々ある」などの，服装を整える意味を伝えておくとこの活動が楽しくできることでしょう。

評価のポイント

着崩して着るのがかっこいいという視点から，定められた通りに着こなすことが素晴らしいという視点をクラス全体がもつことによって，生活にメリハリが出ます。

日常化のポイント

　体育祭や文化祭などの行事や来校者の多い季節はもとより，ファッションショーを実施していないときにも，「校長先生がうちのクラスの服装をほめてくださいましたよ」などと違った観点からほめることによって，自ら服装や生活習慣を整えられるようにできたらよいと思います。
　ダメなときに叱るという指導法よりも，普段からよいところを見つけてあの手この手でほめてよい雰囲気の中でルールを徹底する方がはるかに効果的です。

〈柴﨑　明〉

27 金曜日応援団

■ 対象学年：4～6年生　　■ 時間：5分　　■ 準備物：熱い魂

ねらい ▶ All for one（みんなは1人のために）の精神を楽しみながら身に付ける

🌼 アクティビティの概要

　学校のある日だけでなく，休日にもがんばっている子どもたちはたくさんいます。習いごとの試合や大会，発表会などクラスの子どもたちも知らないところで活躍している子もいます。そんな子どもたちをクラス全員で応援しようというのが，このワークの醍醐味です。

　金曜日の帰りの会，ちょっぴりお疲れ気味な子どもたちを一気に元気にして，教室内を熱い空気で包みこみます。

進め方

❶「この土日に大会や発表会などがある人は前に出てきます」
❷「それでは，どんな大会や発表会があるか1人ずつ発表して，意気込みを言いましょう」
❸（全員が発表を終えたら）「みんなの知らないところでもがんばっている子たちに拍手～！」
❹「さぁ！この子たちに全員でエールを送りましょう！　全員立ちます」
❺教師ははちまきを巻き，応援する子どもたちの方を向き，応援の音頭をとります。
❻「○○くんが明日の野球の試合で大活躍できるように…かっとばせかっとばせ○○！」
❼（教師の後に続けて）「かっとばせかっとばせ○○！かっとばせかっとばせ○○！」
❽「拍手～！　明日はヒットをたくさん打って，勝利に貢献してくださいね」
❾「次は，△△さんが素敵なピアノの演奏ができるように…△△！パンパンパン！△△！パンパンパン！△△！パンパンパン！拍手～！」

[低学年に向けた　アレンジ]

　自分自身がどんな大会や発表会に出るのかわかっていない子もいます。年度はじめ，保護者の方に「金曜日応援団」のことを伝えておき，大会や発表会のある週の連絡帳に，「土曜日にサッカーの大会があります」のように，書いていただけると把握しやすくなります。

💛 雰囲気づくりのポイント

- 「みんなで」応援するというのがこのワークの一番大切にしたいところです。拍手や動作をつけて雰囲気をあたため，一体感ある応援団を目指します。そのためにも，まずは教師が応援団長となり，クラスの先頭に立って場の雰囲気を盛り上げます。（プロ野球の応援団やサッカーのサポーターなどから応援を学ぶとよいでしょう。）
- 同じチームで大会に出る子たちは，1人ずつの応援をするのではなく，チームとして1回で応援を終わらせます。こうすることで間延びすることがなくなります。
- 応援することに慣れてきたら，応援団長を子どもにバトンタッチします。子どもたちにとっての仲間が前に立つことにより，より一層盛り上がること間違いなしです。
- 子ども同士で肩を組ませたり，手をつながせたりしながら応援することができれば，一体感がぐーんとアップします。
- 「発表会に出るけど，応援されるのは恥ずかしい…」という子もいるはずです。そのような子に対しては，無理に応援することはしません。「□□さんは，ピアノの発表会に出ます。拍手！」といった，あたたかい雰囲気をつくります。熱い応援は避けた方がよいでしょう。

⭐ 評価のポイント

- 教師が応援団長のときは，子どもたちの様子を背中で感じることしかできません。そのときは，子どもたちの声や拍手の大きさ，盛り上がり具合を雰囲気で感じましょう。
- 子どもが応援団長をできるようになったら，子どもたちの「一体感」を見ます。声の揃い・拍手のリズム・手の振り具合・ジャンプするタイミングなど，全員で揃えられているかを見て，応援が終わった後に「みんなの心が揃っていて気持ちよかった！」と大いにほめます。

日常化のポイント

　金曜日応援団を行っていると，運動会での応援・体育の授業でのゲーム・休み時間の外遊びなど，大きな声を出しながら盛り上げて応援することが，上手に行えることができるようになります。また，このワークを行っていることで「みんなで1人を応援する＝All for one」の精神が身に付き，大きな声を出さない場面でも応援をしようとする「心の一体感」が生まれていきます。「金曜日応援団をやっているけど，クラスの仲間同士『毎日』応援団になれるようになるといいね」そんな声かけをしていけるといいでしょう。

〈成田翔哉〉

28 心と体のメンテナンス「瞑想タイム」

■対象学年：全学年　■時間：1〜3分　■準備物：タイマー

 ▶ 立腰の姿勢を意識して、しーんとした静かな雰囲気をつくる

アクティビティの概要

　朝，登校してきた子どもたちは，様々な表情をしています。元気いっぱいの子もいれば，あまり元気のない子も。そんな子どもたちを，いい意味でリセットするのがこの「瞑想タイム」です。立腰の姿勢を意識して呼吸を整え，30秒間しーんとした静かな状況をつくります。これにより，落ち着いた雰囲気で1日をスタートさせることができます。また，全員で静かな状況をつくり出すマナーのよさを身に付けます。

進め方

❶「瞑想タイムは全員で静かな雰囲気をつくり出すための時間です。そのために，『立腰』という姿勢を意識して行います」

❷「立腰にはいいことがたくさんあります。やる気や集中力が高まり，1日がんばろう！という気持ちが湧き出てきます」

❸「立腰の姿勢を説明します。1：お尻を後ろに突き出す。2：腰骨をグッと前に突き出して立てる。3：肩の力を抜く。この3点を意識しましょう」

❹「みんなで静かな雰囲気をつくりたいので，瞑想タイム中，おしゃべりはしません。その代わりに，呼吸を整えます。鼻から息を吸い込み，口からゆっくり長く息を吐いていきます」

❺「それでは，瞑想タイムを始めます。目を閉じて…瞑想！」（タイマーで30秒測る）

❻「やめ！　目をゆっくりと開けます。これで心と体のメンテナンス完了です」

※最初は立腰の説明を教師が行いますが，2回目以降は❶〜❹を省き，❺❻を日直の子どもに行わせます。

雰囲気づくりのポイント

- 瞑想タイムは、「リセット」する時間ということを意識させます。朝の会のメニューで、元気にあいさつをさせたり、大きな声を出したりする活動をした後でも、この時間だけは静かな雰囲気をつくり出します。そのために、「瞑想！」の合図がかかったら、一瞬で立腰の姿勢と呼吸を整えるように繰り返し指導していきます。
- ごそごそ動いたり、小さな声を出してしまったり、立腰が崩れたり、30秒間集中がもたない子も出てきます。また、低学年では薄目できょろきょろしている子も出てくることがあります。しかし、ここで叱ることは一切行わず、あたたかい目で見守ることが大切です。毎日行うことで、少しずつ改善されていきます。
- 「周りでどんな音が聞こえるかな？」と言ってから瞑想タイムに入ることで、耳を澄まして静かな雰囲気をつくろうとする子が増え、しーんとした状況をつくり出すことができます。

評価のポイント

- 立腰の姿勢が美しい子や30秒間全く動かなかった子をほめ、お手本として子どもたちに紹介します。また、瞑想タイムで「美しい子」の様子を写真に記録して、掲示しておくことで子どもたちの姿勢に対する意識も高まります。
- 個人をほめるだけでなく、クラス全体の雰囲気を感じ取ってほめることも大切です。「一瞬で静かな雰囲気がつくり出せるこのクラスはすごい！」のようにほめて、静かな雰囲気をつくることに自信をもてるクラスにしていきます。

> **日常化のポイント**
>
> 　休み時間明けのざわざわしたとき、授業中に落ち着きがなくなったとき、真剣に行う活動の前など、静かな雰囲気をつくり出したいとき、朝の会だけではなくいろいろな場面で使えるのが「瞑想タイム」です。私のクラスでは給食後、清掃時間に入る前に取り組んでも有効でした。静かな雰囲気をつくり出したいときに「瞑想！」の一言で、一瞬にして子どもたちの雰囲気を変えることができます。また、瞑想タイムによって、一瞬で切り替えることの大切さを学び、普段から切り替えの早いクラスになっていきます。

〈成田翔哉〉

誰がいい歌手かな？
Who is a good singer?

■対象学年：4～6年生　■時間：5～7分
■準備物：磁石式ネームプレート（個人名が書かれた黒板に貼れるもの）

 ▶楽しみながら朝の歌でしっかり歌う意識を身に付ける

アクティビティの概要

　朝の会での歌は，毎日歌うことで格段に歌声がよくなる反面，どうしてもマンネリ化してしまう傾向にあります。そこで，自分たちで評価をしながらレベルアップを図ろうとするのがこのアクティビティの醍醐味です。毎日ただ歌うのではなく，どこを意識して歌えばよいのかを明示することで，全員が意欲的に朝の歌を取り組むことができます。評価する側の子たちも，一生懸命歌っている子のよい姿を見ることで，自分もがんばるぞ！という刺激を受けることができます。

進め方

❶「日直とその隣の人は前へ出てください」
❷「黒板に今日のポイントを書きましょう」
❸「今日のポイントは『口の開け方・声の大きさ・歌う表情』です」
❹「では歌ってみましょう」
❺歌いながら日直ともう1人の子は，上記のポイントができている子のネームプレートを黒板に貼っていきます。全体を見るために，席をぐるぐる回りながらよい子をどんどん見つけます。
❻歌が終わった後に，どの子が特によかったかを理由もつけて発表します。
　「○○さんの口の開け方が，指三本分開いていてよかったです」
　「△△君の歌う表情から気持ちが伝わってきて素晴らしかったです」
❼ネームプレートが黒板に貼ってある子を立たせて，全員から大きな拍手でがんばりを讃えます。
　「名前が黒板に貼ってある子は立ってください。大きな拍手をしましょう」

［低学年に向けた　アレンジ］
　評価するポイントを最初は教師が提示してあげるとよいかもしれません。ポイントもはじめは大きな声だけなどなるべく簡単でわかりやすいほうがいいです。

雰囲気づくりのポイント

- なるべくたくさんの子の名前が黒板に貼れるとよいです。名前が貼られずに残っている子が焦るぐらいになると，教室全体が一生懸命歌うのが当たり前という雰囲気がつくれます。
- 日直の動きがスムーズでないとリズムが崩れます。評価するポイントなどは前日に考えてくるよう声をかけておき，前に出たらさっと黒板に書けるよう支援しておきます。
- ある程度のレベルまでいくとマンネリ化していくことが考えられます。評価のポイントのレベルをアップさせていったり，歌う人数を減らしていったりなどハードルを少しずつ上げていくことで子どもたちのやる気をくすぐっていきます。

評価のポイント

［評価する側］
- 日直が一生懸命歌っている子のよいところを見つけているか。
- 今までと違うポイントを明示しているか。(例)声が大きい⇨教室いっぱいに聞こえる声
音楽専科の先生などに協力を依頼してみるのもよいアイデアでしょう。

［歌う側］
- いつも眠そうにしている子や普段の授業で声が小さい子ががんばっているときには，日直に，こっそり伝えほめてもらいます。通信等で家の方にも伝えると効果は倍増します。担任が評価するのではなく，なるべくその時間は日直に任せて取り組むぐらいの気持ちが大切です。

日常化のポイント
　「歌を一生懸命歌うクラスと，いい加減に歌うクラスどちらがいい？」とワークをやる前に子どもたちに選択してもらいます。ほとんどの場合「一生懸命歌うクラスがよい！」と答えると思います。そうなれば，「みんなが一生懸命歌うクラスになるためにこんなやり方を先生は勉強してきたんだけどやってみる？」と聞けば「やる！！」と答えます。要するに，やらされている，歌わされているのではなく，自分たちで歌を一生懸命歌うクラスにしたいから朝の歌からがんばるのだという主体性が生まれます。最初にきっかけをしっかりつくってあげると，面白いほど子どもたちは自発的に動き，もっとよくしていこうという相乗効果が生まれていきます。

〈深見太一〉

30 あべこべ作文

■ 対象学年：4〜6年生　　■ 時間：5〜10分　　■ 準備物：ノート，筆記用具

 ▶ ルールを守らないと面白くならない爆笑作文でクラスを盛り上げる

アクティビティの概要

　朝の会の終わりに，1時間目に使うノートの後ろを使いミニ作文を書きます。「いつ・どこで・だれが・なにを・どうした」という順番で書きます。想像で書いてもいいですし，本当にあったことを書いてもよいことにします。それを教師が指名した別々の子が順番に発表していきます。でき上がった作文が主語と述語がおかしなものになり教室は爆笑に包まれます。

進め方

❶「あべこべ作文をします」「（子ども全員）イェーーイ！」
❷「いつ・どこで・だれが・なにを・どうしたの順番でミニ作文を書きましょう」
❸「3分待ちます。ではスタート」「できた人は2つ目の作文に取り組んでもよいです」
❹「発表タイム！」「（子ども全員）イェーーイ！」
❺「最初はこの列に発表してもらいます」（指名する列をあらかじめ教えておきます。）
❻「いつ」「（子ども全員）いつ！」「（子どもA）昨日」
❼「どこで」「（子ども全員）どこで！」「（子どもB）うちのお風呂で」
❽「だれが」「（子ども全員）だれが！」「（子どもC）深見先生が」
❾「なにを」「（子ども全員）なにを！」「（子どもD）車を」
❿「どうした」「（子ども全員）どうした！」「（子どもE）食べていた」（爆笑）
⓫「えぇー，Bさんちのお風呂は車が食べられるの！！」など大げさにリアクションしたり，車を食べるポーズをしてみても子どもたちは大喜びです。

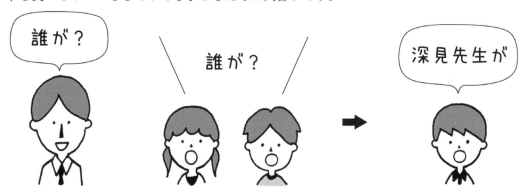

[低学年に向けた　アレンジ]

どこで・だれが・どうしたといった3つだけの作文にしたり，昨日学校で○○が，○○をもらったという例を提示したりして，○○に入る部分だけを考えても面白いでしょう。

雰囲気づくりのポイント

- 楽しいゲームや子どもたちが大好きなゲームをするときには「イェーーイ！」ということをクラスルールにしておきます。ノリが悪いときや声が小さいときには「あ，今日はやめときましょう」と言うと「やるやる！やりたい！」と言って，次から声が出るようになります。
- 最初に指名するときは，まじめな子が多い列がいいです。いきなり笑いを取ろうとする子もいますが，その子には「期待しているぞ」と言って後にとっておきます。
- 楽しい雰囲気を教師と子どもがいかに一緒につくり出せるかが大切です。前に立つ教師がワクワクしながら，楽しい表情で始めると子どもたちもワクワクします。一度成功すると子どもはこのゲームが大好きになります。
- 中にはゲームの意味がわからない子がいるので，一番最初は例を提示します。何回かやっていくうちに自然とルールを覚えていきます。

評価のポイント

- 偶然にも作文の意味がぴったり合うときもあります。そういった場合にも，大いにほめます。笑いをとることだけでなく，作文の意味がぴったり合うことに喜びを覚える子も増えてきます。
- 全員が3分という時間でミニ作文を書けていることもしっかり評価します。3分で2つ，3つと書けている子も見つけてこれもほめられるといいです。

日常化のポイント

　このゲームは毎日やるものではないかもしれません。あまりやりすぎると面白さが減少してしまうので，ここ一番クラスの雰囲気を盛り上げたい，よい空気で1日過ごしたいという日にやってみるとよいです。
　空想作文でもよいですが，昨日実際にあったことや先週一番面白かったことなどといった条件を与えて作文してもよいです。普段おとなしい子が，とんでもなく面白いワードを言ったり，いつもみんなを笑わせている子が狙いすぎてすべったりなど，予想を裏切るところがこのゲームのよいところです。できるだけ普段おとなしい子にスポットを当てて，自由に表現できる雰囲気をつくっていけるといいでしょう。

〈深見太一〉

第 4 章 「あたたかな結びつきの雰囲気」を高める朝の会・帰りの会アクティビティ

31 ぴったりさんをさがそう！

■対象学年：1～3年生　■時間：5分　■準備物：明るい曲（必要があればカード）

ねらい ▶ 自分と同じ条件や答えの人を見つけて交流し，結びつきの喜びを味わう

アクティビティの概要

　朝の会や帰りの会で，自分と同じ人を探して，見つかったらハイタッチや握手をするゲームです。簡単なテーマに沿って，一人一人がその回答をもち，ペアになって交流します。自分と一緒だな，あの子はこうなんだと友達のことに関心を寄せて1日のスタートをきったり，1日のふり返りをしたりする時間をもつことができるでしょう。自分のことをふり返るとともに，相手意識も育っていきます。聞き合いつながることで，結びつきを感じられるでしょう。

進め方

❶「今日探すぴったりさんは，『朝ごはんでぴったりさん』です。みなさんが今日食べてきたものを1つ思い浮かべましょう」（カードに書く）

❷「音楽が止まったら，ペアを作りじゃんけんをします」

❸ 勝った人は，負けた人に「今日の朝ごはんは何でしたか？」と質問し，負けた人が答えます。
　㈹「今日の朝ごはんは何でしたか？」「食パンです」

❹ 交替し，同じように質問します。
　㈹「○○さんの朝ごはんは何でしたか？」「私も食パンです！」

❺「2人の回答が一緒だったら，『ぴったりさん！』と言ってハイタッチをします。違っていたら，お互いの回答を認め合い，『グ～！』と言って親指を前に出しましょう」

❻「音楽が始まったら，新しいペアを探しましょう」

[アレンジ]

　低学年ではその他に，帰りの会で，「今日一番楽しかった勉強」「がんばったこと」「おいしかった給食メニュー」などのテーマで1日のふり返りやがんばりを共有することができます。授業では，計算カード（たし算・ひき算・かけ算）や漢字カードを1人1枚配布して，答えや画数が同じ「ぴったりさん」を探す活動をすると授業の導入やまとめにも活用できます。

　高学年では，朝の会で，今日の生活や学習のめあてを一人一人にもたせたり，帰りの会で友達のよいところや，がんばっていたところを思い浮かべたりして，互いに聞き合う活動することもできます。授業では，ことわざや四字熟語を1人1つ思い浮かべて語彙を増やす，学習のまとめを簡単な言葉で表して紹介するなど発展させると思考力も高まるでしょう。

雰囲気づくりのポイント

- お互いの答えが、なかなか合いにくい場合は、2択か3択で答えられるテーマではじめたり、答えの選択肢を教師があらかじめ用意して選ばせたりの声かけをします。
  ㈲テーマ「給食」…残してしまった・時間内に全部食べた・おかわりしたの3択など
- 活動を続けていくと、「ぴったりさん」にならず、答えが違うことが多いこともあるでしょう。そういう場合でも、自分とは違う答えの友達を認める意味で「グ～！」と心をこめて言うように声かけをします。和やかな雰囲気で相手の答えを聞き合うことを大事にします。
- 流す音楽は、今月の歌や子どもたちが自然と口ずさむような明るい曲を選曲するといいでしょう。また、テーマに沿って、選曲を替えると雰囲気も変わっていきます。

評価のポイント

　1つ目のポイントは、自分の話をしっかりすることです。自分のことを思い出したりふり返ったりして、自分の答えがしっかりもてるように支援します。「ぴったりさん」にしようと、友達の回答に合わせる子がいた場合は、声をかけます。自分のことを聞いてもらう喜びが感じられると、あたたかい気持ちになれるでしょう。

　2つ目は、会話の量や質です。最初のうちは、短い言葉のやりとりでよいと思います。音楽が流れて次のペアを探すまでの短い時間ですが、「朝ごはんは食パンです」「私も食パンです」「ぴったりさん！！」の後に、「そうだよね。食パンにいちごジャムをつけるとおいしいよね」「私は、はちみつが好きなんだ」「ぼくも、はちみつをつけてみよう！」などと、会話が続いていくペアを全体に取り上げてみます。相手の話に関心をもって聞くことで、会話がはずみ、あたたかい気持ちが広がっていくことを価値づけています。

　3つ目は、交流時のかかわり方です。「ぴったりさん」（答えが同じ）でも「グ～！！」（答えが異なる）でも、お互い認め合う表現が笑顔で行われているペアを積極的にほめていきます。受け入れてもらったことを表す行為が、子どもたち同士の心と体の結びつきを強めていきます。

日常化のポイント

　朝の会、帰りの会に限らず、子どもたち同士の会話の中で「ぴったりさん」や「グ～！！」の言葉が聞かれるようになるとすてきです。教師も一緒に同じ言葉を使っていくと、学級の雰囲気を高める共通のキーワードになるかもしれませんね。

〈山中　順〉

32 読み聞かせリレー

■対象学年：1〜3年生　■時間：5分　■準備物：絵本, 詩集

▶グループで読み聞かせ活動を行うことで、あたたかな結びつきの雰囲気を高める

アクティビティの概要

　グループで1冊本を決めて、少しずつ区切って読み聞かせます。「読んでもらう」ということで、幼少期に家族や大人に本を読んでもらったときの嬉しい！安心するという雰囲気が生まれるでしょう。みんなで読み合い聞き合うこと、短い言葉で感想を言い合うことで、お話と感想を共有することができ、あたたかい結びつきの雰囲気をつくっていきます。

進め方

❶ 4〜5人のグループで、絵本を決めます。
❷ 輪になって座ります。「グループで輪になって座りましょう」
❸ 1〜2ページ、もしくは場面で音読します。
　「今日の本読みさんは、誰ですか？」「前回の本読みさんから、絵本タッチ！」
❹ 聞いていた人が順番に感想を言います。「読んでもらったら、1人ずつ感想を言いましょう」
❺ 次回は、続きを次の人が読み聞かせて、同じように活動します。
　「続きは、また次回。楽しみですね〜」

[アレンジ]
　絵本ではなく、短い詩集などもおすすめです。国語の教科書に紹介されている読書資料を参考にしたり、シリーズの本をグループごとに渡して学級全体に共通のテーマをもたせたりするのも面白いですね。図書の先生などに本を選んでもらうのもよいでしょう。学級通信に載せた子どもの感想などを読み合うのも短い時間で行うことができます。

　高学年では、学期をかけて、長くて読み応えのある小説に挑戦することもできるでしょう。また、道徳の副読本、古典や社会科の資料、新聞記事など様々な教科領域、ジャンルのものを利用すると授業での活動の幅も広がります。

雰囲気づくりのポイント

- 1年生のはじめなどは、教師が読み聞かせを行ってもよいでしょう。場面を区切って読むことで、集中して聞かせ、子どもたち同士で活動できるようにするモデルを示していきます。
- グループが選んだ本が、読み聞かせに適する難易度や内容のものかをあらかじめ教師が判断します。場面の変化がはっきりしていたり、漢字にふり仮名がついていたりするものを与えると、スムーズに活用できます。
- 時間があまっても、次の人にいかないようにします。今日は、自分が「本読みさんなんだ！」という読む子の気持ちをもたせるとともに、続きが気になるなという期待感をもたせて終わるのが、次回の活動への意欲を高めます。
- 感想は、短く言わせます。心に残ったところ、話を聞いてどんな気持ちになった、気に入った言葉など、感想を言う際の視点をあらかじめ示してあげるとよいでしょう。

評価のポイント

評価のポイントは2つあります。

1つ目は、読み手や聞き手の態度です。「本を見やすく持ってあげていたね」「ゆっくり読んでくれたね」「つっかえても、最後までしっかり読んでくれたね」など、一生懸命伝えようと読んでいる姿を見つけてほめていきます。また、うなずいたり、読み終わった後に拍手をしたりする聞き手の姿勢もほめていきます。途中で口をはさむ、しっかり聞かない子がいる場合には注意を与えます。輪になって読み聞かせをすることでつくられるあたたかい雰囲気の心地よさを価値づけていきます。

2つ目は、感想の交流です。毎回全員は無理ですが、一人一人がどのように感じたのかを教師が少しずつ把握しておきます。「○○さんは、今日〜と思ったみたいだよ」「△班さんは、みんなちょっぴり悲しい気持ちになったんだね」など、時間があれば全体に紹介することで感想の交流ができます。

日常化のポイント

なかなか時間がとれなくても、読書タイムや読書週間、授業の導入などで位置づけると、短い時間で集中的に取り組めます。ふり返りカードや絵日記など、書かせたものを教師が目を通すだけでなく、子どもたち同士で共有することで、感じ方や考え方を伝え合うことができます。1人でもできる活動をグループの友達とすることで、結びつきやあたたかい雰囲気づくりに役立てていきましょう。

〈山中　順〉

33 わくわくスピーチ

対象学年：3〜6年生　　時間：3〜5分　　準備物：なし

　▶ 子ども同士の交流を深め，互いに認め合うあたたかな雰囲気をつくる

アクティビティの概要

あるテーマをもとに自分の考えや思いをスピーチします。テーマは「こんな夏休みにしたい」や「最近はまっていること」など何でもよく，子どもたちがテーマを決めて行うこともおすすめです。1つのテーマをクラスの全員がスピーチしたら，また新しいテーマを決めてスピーチをします。スピーチの時間は子どもの実態に合わせ教師が決めます。クラスのみんなが同じテーマなので，次はどんなスピーチをするんだろうと集中し，あたたかな雰囲気が生まれます。

進め方

事前の準備として教師はテーマを事前に子どもに知らせておきます。

❶「これから『わくわくスピーチ』をします」「テーマは『学区内のおすすめスポット』です」「1分間でみんなが行ってみたくなるようにスピーチをしてください」

❷「それでは今日の発表者は○○さんの列です。前へどうぞ」

❸ スピーチをする子どもが前へ並びます。

❹「それでは○○さんからスピーチをお願いします。どうぞ」

❺ ○○さんがスピーチをします。

❻ ○○さんのスピーチが終わったら「次は△△さんです。お願いします」
このように順番にスピーチをしていきます。

❼「みなさんのスピーチはとても詳しく説明されていてわかりやすかったですね」など教師からの感想も伝え「明日のスピーチは□□さんから◎◎さんです。考えてきてくださいね。楽しみにしています」と次回の予告をします。

[アレンジ]

　スピーチをとおして子ども同士の交流を深めることがねらいなので，スピーチに対して質問したい子どもがいたら挙手をさせ，質疑応答の時間をとることもよいでしょう。

雰囲気づくりのポイント

- 1分のスピーチは実際に行うととても長い文章を考えないと時間があまってしまいます。まずはスピーチしやすいテーマにするとよいでしょう。
- テーマが決まっていても何を話したらいいか思い浮かばず，制限時間が過ぎてしまう子どもが想定されます。あらかじめ「こんなことを言ったらいいよ」と内容のポイントを伝えスピーチの組み立てをサポートします。
- スピーチをする子どもは緊張します。聞く姿勢に対して事前に指導し，あたたかな雰囲気でおこなうことができるようにします。

評価のポイント

　評価のポイントは2つあります。

　1つ目は，集中して仲間のスピーチを聞くことができたかを評価します。また仲間の考えや思いを受け止めることができたかのふり返りを行います。

　2つ目は，スピーチをして終わりではなく，この活動をとおして子ども同士の交流を深め，互いを認め合うあたたかな雰囲気ができているかを様々な活動の中で評価します。

日常化のポイント

　話を聞く姿勢や態度が大切であることを日常生活の中で指導します。また聞く人がどんな態度で聞いてくれると話がしやすいかを考えさせ，自分が話を聞く側になったときにそのような態度で話を聞くことができるよう導きます。学級全体に自然と聞く態度が定着してくることでしょう。

　そして，一人一人考え方や感じ方の違いがあることに気づかせます。他との違いがあってよいことを学ばせ，それと同時に他と考え方が違っても認め受け入れることが大切であることを伝えます。子ども同士の交流も深まり，互いに認め合うあたたかい雰囲気が生まれることでしょう。そんな仲間や集団を大切にしたいと一人一人が思えるように声かけを続けていきます。

〈田頭佳苗〉

34 みんなでファミリー

■対象学年：3〜6年生　■時間：2分　■準備物：なし

 仲間と共感し気持ちを合わせて声を出すことで一体感が生まれ，あたたかな結びつきが感じられる

アクティビティの概要

　帰りの会で1日のふり返りをします。日直当番など代表の子どもがクラスのみんなに向けてふり返った内容を話します。代表者は話が終わったら「おぉー」と呼びかけます。代表者のふり返りに共感した子どもは呼びかけの間に挙手をします。その呼びかけの後に，共感して挙手をしている子どもはみんなで声を合わせ手拍子をしながら「ファミリー（手拍子），ファミリー（手拍子）」と声を出します。仲間と共感し気持ちを合わせて声を出すことで一体感が生まれ，あたたかな結びつきが感じられます。

進め方

　代表の子どもは事前の準備として1日のふり返りの内容を考えておきます。

❶「これから『みんなでファミリー』をします」
❷「それでは〇〇さん1日のふり返りをお願いします」
❸〇〇さんがスピーチをします。

　〇〇さんが「今日の授業ではみんなが積極的に挙手をしていました」とスピーチをした後「おぉー」と呼びかけます。この内容に共感をした子どもは，「おぉー」という呼びかけの間に挙手をします。その後に共感して挙手している子どもはみんなで声を合わせ「ファミリー（手拍子），ファミリー（手拍子）」と声を出します。
　このようにいくつかの内容を短文でスピーチし繰り返します。

雰囲気づくりのポイント

- あらかじめ「今日はみんなこんなことをがんばっていたよね」など1日のふり返りを教師と発表者が事前に会話できると，人前で話をすることが苦手な子どもも安心してスピーチすることができます。
- スピーチをする子どもは緊張します。聞く姿勢に対して事前に指導し，あたたかな雰囲気で行うことができるようにします。
- みんなで声を合わせ一体感が感じられるよう，教師が教室の雰囲気を盛り上げスピーチとスピーチの間で「声が出てきたねー，もっと元気よく」や「もっと，もっと，みんな気持ちを合わせていくよ」などと笑顔で声かけをします。

評価のポイント

評価のポイントは2つあります。

1つ目は，仲間がスピーチをしやすい雰囲気を学級全体でつくることができたかを評価します。また仲間の思いに寄り添い受け止めることができたかをふり返ります。

2つ目は，仲間と共感し気持ちを合わせて声を出すことができたかを評価します。この活動をとおして学級の一体感が生まれ，あたたかな結びつきが感じられます。

日常化のポイント

仲間と協力し，何かを成し遂げることは学校生活の中でたくさんあります。そのときに大切なことは何かということを常に子どもに考えさせます。

子どもたちは様々な経験をとおし仲間と共感し，他者と気持ちを合わせることに充実感や一体感を感じることでしょう。

仲間との結びつきを日々の生活の中で積み重ねることにより，仲間や集団の大切さをより強く感じ，一人一人が自分の過ごす学級を心から好きだと思えることでしょう。

〈田頭佳苗〉

35 新出漢字でリレー短文作り

■対象学年：4～6年生　■時間：5分　■準備物：新出漢字を書いたフラッシュカード

▶考えを受け止め合う心地よさや一体感を感じ，あたたかな結びつきが生まれる

✿ アクティビティの概要

　国語の授業で，漢字の読みを学習した後に応用編として行うゲームです。1人目の子は，漢字カードを見てその漢字を用いた短文を作ります。2人目の子は新しい漢字カードを見て，同じように短文を作ります。そのときに，1人目の作った短文と話をつなげていくようにします。それを繰り返していくと，とても長い文になり，みんなで1つのお話を創り上げることができます。文が長くなるほど話の内容も思わぬ展開を見せ，楽しんで短文作りができます。次はどんな展開になるだろうと，友達の発言に集中し，わくわくしながら活動が進められます。

進め方

　事前の準備として教師は新出漢字を書いたカードを用意しておきます。

❶「今日はリレー短文作りをします」「新しく学習した漢字を使った短い文を作りましょう」

❷「○○さんからどうぞ（「危」と書かれた1枚目のカードを見せる）」
　○○さん「太郎くんは**危**険を感じた」

❸「では，△△さんは○○さんの文につなげて，短文作りをしましょう（「机」と書かれた2枚目のカードを見せる）」
　△△さん「太郎くんは**危**険を感じたので，**机**の下にかくれた」

❹これを繰り返します。「どうしても思いつかないときはパスやヘルプを求めてもよいです」

[アレンジ]

　新出漢字を用いながら短文でリレーするのは難しい活動ですが，考えを受け止め合う心地よさや一体感を感じることがねらいなので，低学年では新出漢字にこだわらない，単純な短文リレーでもよいでしょう。人数が多くなると難易度も高くなるので，5～6人の生活班で取り組み，慣れてきたら2周目などとするとよいでしょう。

雰囲気づくりのポイント

- テンポよく進められるよう，1人の制限時間を20秒程度とし，思いつかない場合も次へ次へと促します。さっと考えついた文をつなげていくことが大切なので，時間は5分以上取りません。5分で何文字使ったリレーができたかを班ごとで競うのもよいでしょう。
- 「みんなで協力して1つのお話を創る」ことが大切です。架空の設定など何でもよしとし，少々無理のある展開でも許可します。ただし，固有名詞を出して傷つける発言が出ないように留意します。
- 短文作りが苦手な子は「うまくつなげられるかな」と不安になります。パスしてもよいことを伝えると安心して活動に取り組むことができます。また，ヘルプとして周りの子に助けを求めてもよいことも伝えておきます。

評価のポイント

ゲーム中や終わった後に効果的な声かけをして，主に3つのポイントを評価します。
- 前の子どもの考えを受け止め，次の子どもにつなげているかどうか。
- 協力して話を創り上げる一体感を感じているかどうか。
- 仲間の話を最後までしっかり聞いているかどうか。

前の子どもの話の展開を受けて，うまく話がつなげられていたら「うまくつながったね」「なるほど。そういう話になるのか」「意外な展開で次がますます気になるね」などと声かけして，つなげていきます。うまく話のオチまでたどり着くと，自然と拍手が起こるようにもなります。「みんなのおかげで，今日も名作がまた1つできあがったね」と協力の大切さを価値づけます。後半になると，ずっと集中して話を聞いていなくてはいけないので，「すごい！　ちゃんと〇〇さんの話も聞けていたし，全部覚えられているね」と仲間の話を聞こうとする姿勢を評価します。この評価によって，あたたかな結びつきの雰囲気が高まります。

> **日常化のポイント**
>
> 　新出漢字を学習しても熟語や文の中でうまく活用できない子が多いことが気になって始めた短文作りでしたが，子どもたちの遊び心でゲームになりました。
> 　子どもたちの中から「自分では予想していない話になって面白かった」や「自分の話にうまくつなげてくれて嬉しかった」などという反応があったときに，みんなで協力して1つのお話を創り上げることの達成感や嬉しさを価値づけられるとよいでしょう。周りの発言を受け止めて，つなげる経験が子どもの喜びにつながるようにしたいものです。

〈新妻　蘭〉

36 以心伝心！ピクチャーゲーム

- 対象学年：4～6年生
- 時間：5分
- 準備物：教科書などお題を出せるようなもの（なくてもよい）

ねらい ▶ 友達の伝えたいことを考える活動を通じ，あたたかな結びつきの雰囲気を高める

アクティビティの概要

　朝の会，帰りの会，授業の前後の短い時間で行うことができるゲームです。5～6名の生活班など対抗で，チームの代表者が与えられたお題の絵を，一斉に黒板に描きに行きます。チームの他のメンバーは代表者が描いた絵から推測して，お題を当てます。絵には文字やセリフなどを描き入れることは禁止です。あくまでも絵のみから推測します。絵を描く代表者は次々とバトンタッチしていきます。制限時間内にどれだけ多くの絵を当てることができたかを競います。

進め方

❶「これからピクチャーゲームをします。各チームで代表者になる順番を決めてください」

❷「全チームの代表者が決まりましたね。それでは，始めます。1人目の代表者は，お題を聞きに先生のところへ集まってください」（お題を伝える）

❸「絵だけでチームの仲間にお題を伝えてくださいね。文字やセリフはだめですよ。他のチームの絵を見て答えるのもいけません。チョークの用意はいいですか。よーい，スタート！」

❹「（子ども）う～ん。難しいなぁ？　○○かなぁ」
　「（子ども）あ，わかった！　△△です！」

❺「正解です！　1班に1ポイント入りました」
　「では，次の代表者はお題を聞きに先生のところへ集まってください」

❻これを繰り返します。

[アレンジ]

　授業時間の前後で行う場合は，最近習った漢字や英単語などをお題にすると，ゲーム感覚で楽しく授業の予習・復習ができます。感情や状態・性質など抽象的な事柄（「嬉しい」「静かだ」）はお題には向かないですが，難易度を上げたい場合にはあえて出すこともあります。

雰囲気づくりのポイント

- 実際には，絵の上手さや丁寧さよりも素早くポイントを押さえた絵が描けるか，ということが重要なのですが，特定のチームばかりが得点を重ねると楽しい雰囲気になりにくいので，絵が上手な子が１つの班に固まらないように配慮するとよいでしょう。
- 絵が得意ではない子を責めるような，批判的な発言が出ないように留意します。お題を当てるには少し難しい絵ができあがった場合にも「想像力をフル回転させて！」などと前向きな声かけをします。
- 簡単なお題から始め，少しずつ難易度を上げていくとよいでしょう。どのチームも苦戦するようなお題で正解が出ると，とても盛り上がります。
- ゲームが白熱してくると，勝ちにこだわって，他のチームの絵を見たり，ついついジェスチャーなどを交えて，自分の意図をチームの仲間に伝えようとする代表者が出てくるかもしれません。みんなが楽しくゲームを続けるためには，ルールを守らせることが大切です。

評価のポイント

　このゲームは，お題を伝えたい（描き手），描き手の意図をくみ取りたい（受け手）という両方の気持ちを全員が体験するのがポイントです。ゲーム後にふり返りをすると「○○さんの絵は，すごく上手ですぐにお題がわかった」「絵は得意じゃないけど，当てる方でがんばった」「自分の絵でお題を当ててくれて嬉しかった」「自分ではわかりやすく描いたつもりだったけど，チームのみんなを困らせちゃった」などという声が出てきます。そこで，あたたかな結びつきの雰囲気を高めるために，次の２点に気づけているかどうかを評価します。

- 自分の意図（気持ちや考え）を相手に伝えようとすることの大切さ
- 相手の意図（気持ちや考え）を受け取るため，相手の立場や気持ちを考えることの大切さ

日常化のポイント

　相手の気持ちや考えを「想像する」，「推測する」という行為は，様々な子どもが生活や学習をともにする学級の中では，あらゆる場面で必要な力の１つだと思います。

　このゲームは短い時間で行うことができますが，相手に自分の意図が伝わったときの喜び，相手の意図をくみ取ることができたときの喜びの両方を味わうことができます。そして，その結果，想像力・推測力が高まっていきます。話し合いなどの場面で，互いに譲らず行き詰ったときなどに，「大切なことは何だったっけ？」と思い出させるようにするとよいでしょう。

〈新妻　蘭〉

37 気分は卒業式！？

対象学年：4～6年生　　時間：5分
準備物：CDラジカセ，証書授与で使われそうな曲

ねらい ▶ 卒業式風な体験を通して，あたたかな結びつきのある雰囲気をつくる

アクティビティの概要

　朝の会で行う健康観察に，少し工夫を加えた活動です。普段，教師に名前を呼ばれたときは，自分の席で返事をしていることが多いと思います。この活動では，卒業式での証書授与のごとく，バックミュージックをかけ，一人一人の名前をフルネームで呼名していきます。6年生だけでなく，4年生や5年生でも，卒業式の雰囲気を味わうことができ，とてもあたたかな雰囲気に包まれます。

進め方

❶「今日は，いつもと違った雰囲気で，健康観察をします」
❷「出席番号1番の人は前へ来てください。2番の人は，教室前のドアへ来てください」
❸「今から，先生が1人ずつ名前を呼びます。呼ばれた人は，大きな声で返事をしてください。その後，ゆっくり教室を1周して，自分の席へ戻ります」（一方通行がよい）
❹「自分の前の番号の人が呼ばれたら，次の人は，前の人がいた場所へ移動しましょう」
❺（音楽スタート）
❻「○○　○○さん」
❼（子ども）「はい！」
❽（少し間を空けて）
❾「△△　△△さん」

[アレンジ]
　実際の卒業式では，返事の後に「将来の夢」などを，一言添える学校があると思います。ここでは，返事の後に「好きな教科」「好きな食べ物」など，実態に合った一言を添えても，あたたかな雰囲気になるでしょう。

雰囲気づくりのポイント

- 毎日の健康観察では，名字だけを呼ぶことが多いのではないでしょうか。この活動では，教師も卒業式さながら，ゆっくりと，落ち着いた調子で，フルネームで呼名します。そうすることで，普段とは違った「非日常」の雰囲気が出てきます。
- おすすめのバックミュージックは，実際に卒業式の証書授与で使用されている音楽ですが，その他にもオルゴール調の音楽なども，卒業式風の雰囲気になります。しっとりと，あたたかな空気に包まれます。（クラスの思い出の曲なども！？）
- 自分の席に戻る際，早足では戻らず，胸を張って堂々と戻ります。一歩一歩，ゆっくりと歩くことで，教室全体に一体感が生まれてきます。
- 子どもが黒板に書く際に乗る台などが，教室に常備されているのであれば，その台に乗って，一段みんなより高いところで返事をすることも，雰囲気アップになります。

 評価のポイント

　はじめは，当然ワクワクもありますが，同時にドキドキもあります。そんな，普段とは一味違った雰囲気の中で，活動は進められます。しかし，そんな中でも，はっきりと，張りのある声で返事をする子どもがいます。また，みんなの前に立っても，堂々とした態度で，よい姿勢で待つことができる子どももいます。こうした楽しむ活動の中にも，「どんな返事がよいのか」「どんな立ち方がよいのか」を紹介し，共有・賞賛していきます。そうすることで，子ども同士に結びつきが生まれるとともに，互いに自分自身をふり返ることにもつながります。

> **日常化のポイント**
>
> 　この活動を終えて，感想を聞くとほとんどの子どもが「緊張した」と言います。クラス全員の前に出て，自分の名前を呼ばれ，返事をするのですから，当然の感想です。
> 　しかし，自分たちが卒業を迎えるときには，今よりも100人，200人も多い中で，返事をしなければなりません。人前に出て，物怖じせずに堂々といることは，大人でも難しいことです。今回の活動後，授業中に自分の意見を発表するときなどに，立派な態度で発表できている子どもを，意識的に取り上げます。そして，その姿を共有していくことで，6年間の集大成となる卒業式での姿につながってくると考えています。

〈鈴木裕也〉

38 学級通信，よく見ると！？

■対象学年：4～6年生　■時間：5分　■準備物：学級通信

ねらい ▶友達と学級通信を見比べ，あたたかな結びつきのある雰囲気をつくる

アクティビティの概要

　学級通信は，作り手の教師によって，実に様々な内容があると思います。普段の子どもの様子を載せたり，次の週の予定などをお知らせしたりすることもあります。

　そんな学級通信に，1枚だけ「ほんの少し」違う学級通信を混ぜます。学級通信を配り，しばらくすると，教室に「心地よい雑談」が生まれます。「ペアトーク」「グループトーク」をせずとも，学級にあたたかな雰囲気をつくることができます。

進め方

❶（帰りの会で）「今から学級通信を配ります」
❷「来週の予定を確認していくので，目で追ってください」
❸（ざわざわ…ざわざわ…）
❹「どうしたの？　何かあった？」
❺（子ども）「先生！！　大変です！　○○さんのだけ，よく見ると少し違います（笑）！」
❻「えっ！？　本当に！？」

[アレンジ]

　学級通信をどう変えるかが，こちら側の楽しみの1つでもあります。「題字を少しだけ変える」「『当たり』と小さく書く」「関西弁風にしてみる」「3択クイズの3択目だけ変える」など，無数のバリエーションが考えられます。それらを子どもたちが楽しみにしてくれることで，こちらも楽しみながら学級通信を作成することができます。

雰囲気づくりのポイント

- 最初に，1枚だけ違うものが入っていることは言わず，素知らぬ顔で学級通信を読み聞かせしていきます。すると，隣の友達同士で，何か違うことに気づき始めます。あるいは，前後の友達同士で確認をし合うことも考えられるでしょう。辺りが少しざわつき始めたところで，初めて種を明かします。
- この活動を行うことで，子どもたちは一層学級通信への興味関心が高くなります。「学級通信は，自分たちにとって楽しいものなんだ」という意識が芽生えます。アレンジ次第では，クラス中が笑いに包まれ，あたたかな雰囲気になります。
- 帰りの会で時間をとり，この活動を行うことで，あたたかな雰囲気のまま，子どもたちは下校することができます。また，朝の会で行えば，雰囲気のよいまま1日をスタートさせることもできます。

評価のポイント

　まずは，学級通信を単なる家庭への配布物として受け取るのではなく，細かい部分にまで目を向けて，わずかな違いに気づいたことを紹介します。授業中，問題文を最後まで読まないことで起こる間違いや，早合点による「うっかりミス」は，多かれ少なかれ誰にでもあることです。「細かいところにまでしっかり目を通す」という，当たり前のようで実は難しい態度を，楽しみながら養っていきます。

　学級通信を介して，雑談が自然発生的に生まれます。仲のよい友達同士ではなく，そのとき，自分の座席周辺にいる友達同士と雑談が始まります。そうした小さなきっかけによって，子どもたち同士に結びつきが生まれ，教室があたたかな雰囲気になります。与えられたきっかけを，どう使うかを評価していきます。

日常化のポイント

　毎号毎号，学級通信を隅から隅まで目を通すようになります。せっかく丹精込めて作ったものですから，大切にされるのは嬉しいことです。
　しかし，それらを「学級通信の間違い探し」だけで終わらせるのは，とてももったいないことです。学習面では，テストの問題文を「最後までしっかり読む」など，日常での指導をするとよいでしょう。また，男女を意識し始める高学年にとって，たわいもない日常会話のきっかけが，こうした活動になればと願っています。

〈鈴木裕也〉

39 集めよう！ありがとうゲーム

■対象学年：1～6年生　■時間：5分　■準備物：なし

 ▶互いのよさを認め，感謝を伝えることであたたかい結びつきを実感する

アクティビティの概要

　1日の学校生活をふり返って友達に助けてもらったこと，声をかけてもらったことなどへの感謝をその友達伝えます。感謝を伝えるごとに黒板に「正」の字を一画ずつ書いていき，時間内で多くの「ありがとう」を集めていくゲームです。子どもは友達の優しさや思いやりを意識して感じることができるようになり，あたたかな結びつきの雰囲気が学級に広がります。

進め方

❶「これから『集めよう！ありがとうゲーム』を始めます」
❷「今日1日をふり返って友達に助けてもらったこと，声をかけてもらったことなどへの感謝の気持ちを決められた時間の中でその友達に伝えます」
　　㋐「○○君，算数がわからなかったときに優しく教えてくれてありがとう」
　　　「○○さん，休み時間に遊びに誘ってくれてうれしかったよ。ありがとう」
❸「1回伝える度に黒板に『正』の字を一画ずつ書いていきます」
❹「今日はいくつの『ありがとう』を集めますか？」（子どもに目標を設定させる）
❺「時間は3分です。それでは，始めます」

[アレンジ]
　班・号車・男女・係などのグループを設定し，対抗戦として行うと子どもはより楽しんで取り組むことができます。また慣れてきたら，『今日１日』ではなく休み時間や授業中，給食・掃除など，条件を設定して取り組ませることも考えられます。

雰囲気づくりのポイント

　学級全体にあたたかな雰囲気を広げるには，多くの子どもが「ありがとう」と感謝を伝えることがポイントです。そのために苦手意識をもつ子どもに支援をします。

[友達のよいところやがんばっているところが見つけられない子ども]
　休み時間や給食の時間に「今日，助けてもらったことやうれしかったことはあるかな」と声かけたり，学校生活の中で「この行動は，『ありがとう』だね」と伝えたりすることで，友達のよいところやがんばっているところを見つけやすくします。

[特定の子どもに『ありがとう』を伝える子ども]
　「毎日『ありがとう』が言えるのは素晴らしいね。○○さんなら，違う友達にも『ありがとう』が言えると思うよ。今週，意識して取り組んでみようよ」と声をかけ，他の子どもにも意識するように投げかけます。

[言い方がわからない子ども]
　教師が例をいくつか挙げ，話型を掲示するとよいでしょう。話型はあくまでも例であり，自分で工夫してもよいことを伝えます。

評価のポイント

　活動中，学級目標を意識した言葉や内容で感謝を表している子どもを評価し，価値づけることで感謝する内容の質も高まります。
　多くの友達に感謝を伝えられている子どもには，学校生活の中で多くの友達とかかわれたことを評価します。

日常化のポイント
　ふり返りでは，「どうしたら，友達のよいところが見えてくるのかな」と聞きます。「一緒に遊ぶ」「たくさん話す」などの反応が返ってきます。そこで，「多くの友達とかかわることでそれぞれのよいところもたくさん見えてくるんだね」とまとめます。最後に，「『ありがとう』をこの時間だけではなく，日常でも使っていきましょう」と伝え，日常化を図っていきます。

〈秋山義紀〉

40 あいさつダウト

■対象学年：4～6年生　■時間：5分　■準備物：用紙1枚

▶友達と作戦を立てながら協力し合うことで，あたたかい雰囲気をつくる

アクティビティの概要

　「おはよう」とあいさつしながら歩いている中に，1人だけ「Good morning.」とあいさつしている代表者がいます。その代表者を日直が当てるというゲームです。日直以外の子どもは，代表者がばれないように作戦を立てます。友達と作戦を立て，協力して取り組むことであたたかい雰囲気が学級に広がります。

進め方

❶「これから『あいさつダウト』をします」

❷「代表者を1人決め，代表者は『Good morning.』，それ以外の子ども（協力者）は『おはよう』とあいさつをしながら教室内を歩いていきます」

❸「日直は歩きながら代表者を探します。代表者と協力者は，代表者がばれないように作戦を立てます。時間内に日直が代表者を当てれば日直の勝ち。当てることができなければ代表者と協力者の勝ちです」

❹「代表者を伝えます」
　（日直に見えないように紙に書いた子どもの名前を見せる）

❺「今から日直以外の人は集まって作戦を立ててください。作戦時間は2分です」
　（日直に聞かれないようにする）

❻「それでは始めます。制限時間は2分です」

[アレンジ]

　あいさつをする際，「○○さん，おはよう」，「おはよう＋一言（おはよう，今日も暑いね）」と言葉を加えることや，「おはよう＋ハイタッチ」，「おはよう＋握手」など，体が触れ合うようなコミュニケーションを取り入れると，あいさつを通してかかわり合うことができるため，よりあたたかな結びつきの雰囲気をつくることができます。

雰囲気づくりのポイント

- はじめは，限られた時間の中で作戦を立てることが難しいため，教師が進行して作戦を立てるとよいでしょう。
- 「教室内を歩いてあいさつをしながら探すこと」「あいさつしている中には入らずに周りから探すこと」「一定の位置から動かず探すこと」など，日直が代表者を探す条件を変えると，子どもたちは，その条件に合った作戦を考えるようになります。
- その場で自分の意見が言えない子どもには，事前に考えた作戦を紙やホワイトボードに書いておくことで自分の思いや考えを友達に伝えることができます。

 評価のポイント

- 作戦を立てる際，友達に自分の意見を伝えていたり，友達の意見を聞いたりして友達と積極的にかかわろうとしている子どもを評価していきます。
- あいさつを交わす中で，多くの人とあいさつしている子どもを取り上げ，「多くの友達とかかわることは，自分から友達と一緒に活動しようとしている気持ちの表れだね」と協力している姿勢をほめて，価値づけます。

日常化のポイント

（勝敗かかわらず）代表者の子どもに「どうしてこのような結果になったのかな」と聞くと，「みんなで守ってくれたから」「作戦がまとまらなかったから」「協力できたから」などの反応が予想できます。そこで，「みんなで協力することが大切だよね」と伝え，「協力するとどんな学級になるかな」と聞きます。すると，「あたたかい学級になる」「学級が1つにまとまる」などがあがってくるので，「そのような学級になるように，日ごろの生活の中でも協力することを意識していきましょう」とまとめます。

〈秋山義紀〉

第5章 「自分たちで問題を解決する雰囲気」をつくる朝の会・帰りの会アクティビティ

 カッキーン NGトーク

■対象学年：3～6年生　■時間：1人3分　■準備物：辞書

 自分の考えることを的確に表現できることが仲間と協力して課題解決の第1歩
困ったとき，友達と協力する必要感を感じること

アクティビティの概要

　3年生になると辞書を授業で活用する場面がでてきます。辞書を活用するのが授業全般になると思いますが，引けば引くほど語彙が増える可能性があります。この活動では辞書を活動し，語彙を限定して言いたいことをいかにうまく伝えることができるかという活動です。

進め方

❶帰りの会で1分間トーク等をしている学級は多いと思います。この活動はこのトークに限定条件を付けることから始まります。

条件1：内容に必ず入れないといけないことを辞書（教科書）から選ぶ。

　　　辞書でその日の日直にページ数を言わせます。たとえば「10ページの真ん中」と言ったとします。教師は手持ちの辞書でそのページを開きます。そこに「明日」という言葉や「愛称」「相性」があったとします。子どもはこの中から自分が今回使おうという言葉を選びます。そして自分の辞書を引き今一度意味を確認します。そしてこの用語を使って1分間トークをします。考える場面含めて3分です。

条件2：よく使われる用語は使わない。

　　　何もしないと子どもは「楽しかったです」「またやりたいです」などという安易な言葉を使います。そこでこれらの典型的な終わり方をNGワードにしていきます。はじめは3つ程度のNGワードでいいと思います。

❷こうして辞書の用語を使いながら話を組み立てます。

※辞書で予期せぬ言葉が出てくるため調べないと話せません。

※後半に従いNGワードを子どもたちと相談して増やしていきます。つまり使える言葉がどんどん制限されその中で伝えたいことを話さないといけません。もちろんこのときに辞書を使うことも可能です。私のクラスでは10個近くの締めの言葉がNGになり，みんな四苦八苦しながらも一生懸命締めの言葉を考え，笑顔で発表していました。語彙力を増やすのにおすすめです。

※辞書で難しい用語ばかりになった場合は「1回だけ選びなおしあり」などの配慮も必要です。

雰囲気づくりのポイント

　上手く辞書が使えない子どももいるので周りの友達と協力して意味を考えたり，締めの言葉を探したりするのもありにすると盛り上がります。しかし制限時間は3分です。時間がかかると考えられる場合は帰りの会の前に辞書の用語を選ばせておくことも有効です。

 ## 評価のポイント

　締めの言葉がうまく言えない場合もありますが，一生懸命にNGワード以外を探した本人，手伝った友達をほめていくと，友達との協力も深まります。

　発達段階に応じて，ヒントタイムをつくる。ヒント係をつくる。ヒントカードを作るなどして，他の人と協力するような場面を設定していくことにより，その日の発達する対象児童以外にもスポットをあてることができます。ぜひ，その際は，子どもたち自身でのヒントタイムのヒントの出し方，ヒント係の仕事，ヒントカードの作成などの仕事を任せ，子どもの問題解決への主体性を引き出す，手立てにしてほしいと思います。

　そして協力してNGトークをクリアできた場合は，話ができた対象児童のみならずヒントカードを作った人，ヒント係，ヒントタイムの人など，かかわる子どもみんなを思いっきりほめてほしいと思います。

日常化のポイント

　難しい用語が辞書から出ても他からも選べるように，用語を複数提示するなど，楽しさ重視がポイントです。

〈荒巻保彦〉

42 すいすいピカピカ じゃんけんゴミ拾い

■対象学年：全学年　　■時間：5分　　■準備物：なし

ねらい ▶ 自分たちの手で生活改善を考える

アクティビティの概要

　曜日により掃除の時間がない場合があると思います。そこで終わりの会でじゃんけんをして最後ゴミ拾いです。自分たちの教室を掃除がない日もきれいにすることを楽しみながらする…当たり前のようですが，とても楽しいものです。

進め方

❶はじめのルールは以下です。勝ちが遅くなると拾う数が多くなります。
　●教師と対戦
　1回目勝ち抜け：0個拾う　　2回目勝ち抜け：3個拾う　　3回目勝ち抜け：5個拾う
　このゲームをしばらく続けます。

❷ゲームを進めるうちに「先生とじゃんけんばかりじゃつまらない！」「みんな勝ったらどうするの」「人数少ないときれいにならない」といろんなことが気になり始めます。

❸そこでルールを変えてみます。子どもに出す改良のための条件は3つです。
　①楽しさを残す。
　②ゴミを拾う人が一定数発生するようにする（1人でたくさんは大変！）。
　③ズルをしないような仕組みを考える。

　③は大切です。教師対子どものじゃんけんでは教師チョキの場合，パーからそっとグーに握りかえる子もいます。こういうことが起こると誰々がズルしたなどとクラスの雰囲気が崩れます。

❹これを子どもに投げかけて相談してもらいます。
　（改良例）隣と対戦　　グーで勝った人：ゴミ拾い無，負けた人2個拾う（チョキ）
　　　　　　　　　　　　チョキで勝った人：ゴミ拾い無，負けた人5個拾う（パー）
　　　　　　　　　　　　パーで勝った人：ゴミ拾い無，負けた人ゴミ拾い無（グー）
　30人学級で，10人チョキ（2個×10人，20個拾う），10人パー（5個×10人，50個拾う），10人グー（10個×0人，0個拾う）となった場合，20個＋50個，合計70個のゴミが拾われます。

❺改良点に適合しているかを確認します。

①楽しさを残す→じゃんけんハラハラあり
②ゴミを拾う人が一定数発生するようにする→確率上20人が拾います（実際は上下します）。
③ズルをしないような仕組みを考える→隣同士チェックできる
　3点クリアしています。
　はじめは簡単なゴミ拾いじゃんけんですが，タイミングを見て子どもに条件を投げかけた上で改善案を提案してもらえば，自分たちで望ましい理想案を試行錯誤し生活改善に臨みます。

 雰囲気づくりのポイント

●教師も休んだ子に代わって参加するととても盛り上がります。教師が負けると子どもの盛り上がりもMAXです！

 評価のポイント

　勝っても友達とゴミを拾ってくれる子がいたら，そっとほめてあげましょう。
　また，改良案を出してじゃんけんしてみても，勝ち数にバラつきがでる。ハラハラ感が少ないなど，不満もあるかもしれません。そんなときこそチャンスです。まずは，はじめの第一歩の案を作ってくれた子どもを大きくほめます。そして，この案をさらによくしていこうということで，みんなで，ブラッシュアップして，さらにいいスタイルにどんどん改良していきましょう。
　この改良こそが子どもによる問題解決体験につながっていくのではないでしょうか。

日常化のポイント

　はじめのじゃんけんは後半考えさせるための導入です。改良の余地を残して，改良後もさらなる改良を積み上げるように，「どうしたらもっと面白く，なおかつきれいになる？」と声かけが欠かせません。

〈荒巻保彦〉

43 ミッション is ポッシブル！

- 対象学年：3年生以上
- 時間：5分
- 準備物：司会用マニュアル，ふり返り用生活班ノート（B5判を半分に切ったもの）

ねらい ▶ 自分たちで生活目標を立てることで，1日の生活や目標達成への意欲を醸成する

アクティビティの概要

　毎日の全体での朝の会を生活班（小グループ）で行います。なかなか把握できないクラスの友達の体調や様子を互いに知り合ったり，生活班ごとにその日の生活目標を決めたりしていきます。朝の会でクラス全員が発言することを通して，生活をともに過ごす友達に意識を向け，一体感を高めるとともに，その日の目標をみんなで達成させようという気持ちを醸成します。そして，目標達成を通して課題解決集団の形成を目指していきます。

進め方

❶朝のあいさつのあと，日直の「各班で，チームミーティングを始めてください」を合図に体の向きを変えて，全員の顔が見える輪のような形で行います。

❷各チームの司会者（生活班等がある場合には輪番で行えるとよいでしょう）が司会マニュアルをもとにチームミーティングを始めます。

（司会マニュアルの例）

司会「これから，○月○日　朝のチームミーティングを始めます」

司会「まずは朝の健康観察です。（司会から）○○さん，おはようございます」

司会「今日の体調はどうですか？」

指名された人「はい。今日の体調は～～です。◇◇さん，おはようございます」 ← 全員が終わるまで続けて下さい。

※この日の司会者が，班ノートの記入者です。

司会「次に今日の目標を決めます。昨日の反省を踏まえて考えましょう」 ← 話し合って，その日の目標をきっちりと決めましょう。

※和気あいあいとした雰囲気で‼　合い言葉は「いいね！いいね！」

司会「（目標が決まったら）今日の目標は◎◎◎◎◎です。みんなでしっかりと守りましょう。
　　　今日も1日よろしくお願いします」

全員「よろしくお願いします」 ← 時間が余ったら，終わるまでおしゃべりをしていましょう。

※タイマーが鳴るまで，黙ってはいけません。

[アレンジ]

　これ以外にグループ内で会話量が偏らないような話題を用意し，それについてフリートークをしてもよいでしょう。㈽昨日の放課後の出来事，最近，ハマっていること。

雰囲気づくりのポイント

- 〈チームミーティングに向かうウォーミングアップ〉朝の会は，子どもたちもなかなかエンジンがかかっていないことが多いもの（特に中学生は…）。そこで，グループ全員が椅子ごと体を向き合わせ，互いの顔が正面に向き合うようにします。「朝はお互いにエンジンがかかりづらいですから，互いに体ごと向き合って自分以外の人の頭のてっぺんから，足の先まで見合いましょう。自分の班の友達はどんな様子ですか」などと声をかけます。互いをじっくり見ることではにかんだり，クスッと笑ったりと雰囲気が和らぎます。
- 〈チームミーティング中〉話がなかなか盛り上がらない班には，こっそりと行って空いている席に座ったり，自分で椅子を持ってきたりして担任がチームミーティングに加わります。そして，声かけをしたり，子どもの話にオーバーなリアクションをとったりして，雰囲気をあたためつつ，最後は空気のようにその場を去ります。

評価のポイント

チームミーティング中は，担任は全体を俯瞰して様子を観察します。目的にもよりますが，①全員の会話量が一定程度あるか（極端に多く話していたり，全く話をしていなかったりする子どもはいないか），②和やかな雰囲気で行われているか，などの観点で評価します。

この活動の取り組みがしっかりとできている班には，取り組みのよさを認めていきます。朝はなかなか雰囲気が盛り上がらないことが多いので，朝から話が盛り上がっている班を中心に認めるとよいでしょう。また，積極的に話をしていたり，聞き方のよかったりした子ども（うなずきながら聞いている，あいづちを打ちながら聞いているなど）には個別に声かけをします。

また，班ごとの生活目標設定について，その目標が①具体的で，自分たちで最後に評価ができる目標であるか，②班全員の達成するべき目標になっているか，③全員がその日の努力で達成し得る目標であるかなどをチェックします。これらが不十分な場合には，休み時間等を用いて，目標の再設定を行います。

あくまで，目標達成を通して課題解決集団を目指していく活動であるので，教師は子どもの目標とその目標達成への姿に注目していくとよいでしょう。

> **日常化のポイント**
>
> 一番効果的なのは，毎日の朝の会にシステムとして取り入れることです。私の学級（中学1年）では，朝のあいさつのあと，5分間ミーティングを行いました。システムに組み込むことで，子どもたちもいつもの流れの中で安心して活動を行うことができます。

【参考文献】
赤坂真二編著『自ら向上する子どもを育てる学級づくり 成功する自治的集団へのアプローチ』明治図書 2015年

〈久下 亘〉

44 ミッション is ポッシブル！2

■ 対象学年：3年生以上　■ 時間：5分
■ 準備物：司会用マニュアル，ふり返り用生活班ノート（B5判を半分に切ったもの）

 ▶ 自分たちの立てた生活目標を，自分たちでふり返ることで自治的能力を育成する

アクティビティの概要

　朝の会で行ったチームミーティング（前ページ参照）を受けて行う帰りの会におけるふり返り活動です。朝と同様の生活班（小グループ）で行います。朝立てた目標がどれだけ達成できたか，その日1日の中で同じ班の友達でがんばった人などをミーティング形式で認め合っていきます。その日の生活目標を達成できたことをみんなで喜んだり，できなかったことを課題として出し合ったりすることで，翌日に向けての課題とその達成に対する意欲を醸成するとともに，目標達成を通して課題解決集団の形成を目指していきます。

進め方

❶ 全体で連絡などを含めた帰りの会のあと，日直の「各班で，チームミーティングを始めてください」の合図で体の向きを変えて，全員の顔が見える輪のような形で行います。

❷ 司会によるチームミーティング（司会マニュアルの例）

　司会「これから，○月○日　帰りのチームミーティングを始めます」

　司会「今日1日のふり返りです。今日の目標はきちんと守ることはできましたか。今日1日をふり返ってできた（できなかった）ことは何ですか」

　※全員に意見を求めて，全員がしゃべるようにしてください。

　司会「今日の【HomeHome Time（ホメホメタイム）】です。今日の生活でがんばっていた人，いいことをした人を出し合いましょう」

　※全員に意見を求めて，全員がしゃべるようにしてください。

　○司会による【今日の総括（そうかつ）＝まとめ】

　「今日の総括です。今日は…」

　以下は先生が考えた例です。この通りに言う必要はないです。自分の言葉で話しましょう。

　㈋「今日は，全員がとてもよくがんばっていたと思います。しかし，まだ時間を守ることができていない人がいます。明日から全員が時間を守れるようにしていきましょう」

　司会「これで，今日のチームミーティングを終わりにします。今日1日，ありがとうございました」

　※時間が余ったら，全員でおしゃべりをしていましょう！

雰囲気づくりのポイント

- 帰りの会の一部にシステムとして組み込んで行う活動ですので，決めた活動時間は毎日きちんと確保することが必要です。話し合いそのものが時間いっぱいかからなくて終わっても，その後はおしゃべりの時間として使ってよいことにしておくと，子どもたちも時間いっぱいまでワイワイガヤガヤと活動することができるでしょう。
- 教師は子どもたちの活動の様子を見守ることが必要です。この活動に慣れていないときには，小グループに入っていっても構いませんが，子どもたちに「任せて見守る」ポイントをもっておきましょう。この活動の目的は「自ら課題を解決する集団を育成すること」にありますから，そこを目指してステップアップさせていけるとよいと思います。また，そのことを子どもたちにあらかじめ伝えておくと，任された側も意欲的に取り組むことでしょう。

評価のポイント

活動を始めて間もないときには，教師の意図する適切な行動（積極的に話をしようとする，友達の話をよい姿勢や態度で聞こうとしている　など）は活動後に全員の前で認めていくことで，さらなる意欲づけにつなげていきます。しかし，「自ら課題を解決していく集団」に育てていくことが目的ですから，評価言も週の最後にまとめて話すなど，徐々に子どもたちに委ねる方向にしていくことが必要です。

日常化のポイント

日常化には，通常行う帰りの会にシステムとして組み込むことが必要不可欠です。中学校の場合は放課後の部活動があるため，特にこのことは意識する必要があります。また，システムに組み込んだとしても活動には一定の時間は有します。そこで，始める時間は毎日しっかりと守るようにしていくと，上記についても配慮することができます。

また，チームミーティングの内容を毎日ノートに記録しておくと，定期的なふり返りにも役立ちます。以下に，学級で用いたノートを紹介します。

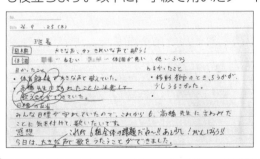
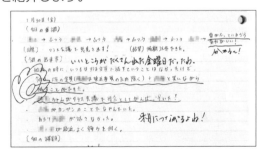

【参考文献】
赤坂真二編著『自ら向上する子どもを育てる学級づくり　成功する自治的集団へのアプローチ』明治図書　2015年

〈久下　亘〉

# 45 ミニクラス会議

■ 対象学年：全学年　■ 時間：5～10分　■ 準備物：議題箱，議題提案用紙

 ねらい ▶ クラスメートの悩みなど身近な問題を解決することを通して，仲間を支援しようとする雰囲気をつくる

アクティビティの概要

子どもからから出された相談ごとや悩みごとを議題として，クラスみんなで解決策を出し合い，解決します。

解決策がうまくいき，悩みごとが解決する子が増えると，みんなで助け合って生活をつくろうとする雰囲気ができてきます。

進め方

❶ 机を教室の中心に向け，互いの顔が見えるようにします。事前に出されてあった議題を読み上げます。
「今日は，○○さんからの議題です。『(例)朝，起きられなくて，毎朝，学校に遅刻しそうになって困っています。どうしたら起きられるようになりますか』だそうです。みなさんからよい解決策を募集します」

❷ 少し（30秒程度）考える時間をとります。近くの席の人と話し合わせてもいいです。
「みなさん，何かいいアイデアはありませんか。近くの人と話し合ってみてもいいですよ」

❸ 解決策を提案してもらいます。学級の人数が多い場合は挙手による発言がいいでしょう。
また，人数が少ない場合は，席順に発表していくのがいいでしょう。

❹ 子どもの発言を全て板書することが望ましいです。

❺ 解決策が出そろったところで，議題の提案者（○○さん）に解決策を選んでもらいます。
「では，○○さん，この中からやってみたい解決策はありませんか」

❻ 子どもが解決策を選んだら，全員で応援の意味を込めて拍手をする。

［アレンジ］
本稿では，教師が司会をしていますが，上学年の場合は，子どもに司会を任せると更に効果的です。しかし，時間がかかる場合は，教師が進めてもけっこうです。

雰囲気づくりのポイント

　話し合いのスタイルは，ブレインストーミングです。ブレインストーミングは，とにかく多様なアイデアを出すことが目的です。だから，出された意見に賛成意見や反対意見を言って，検討することはしません。
　子どもには次のようなことをルールとして伝えておくといいでしょう。
①思いついたらどんどん言う。
②人の話を最後まで聞く。
③どんな意見も全部「いいね」という態度で聞く。
　このルールはサンプルです。みなさんの教室に合ったすてきなルールを考えてみてください。子どもと一緒に多くの意見が出るためのルールを考えてみたらいかがでしょうか。
　また，話し合いの成功の最も大事なポイントは，「教師の纏う雰囲気」です。教師がどれくらい話し合いを楽しそうに見守れるか，また，どれくらい仲間を助ける姿を嬉しそうに喜べるかが成功の鍵を握っています。

評価のポイント

　この活動の評価のポイントは，子どもが議題提案者を本気で支援しようとしていたかです。その姿を，次の5点から評価します。活動が終わってから，この中でできていたことを指摘してほめます。
①どれくらいの数の意見が出されたか。
②何人くらいが意見を出したか。
③何人くらいが，議題提案者に共感していたか。
④ブレインストーミングのルールを守っていたか。
⑤どれくらい集中していたか。

```
ぎだい用紙　　　　名前＿＿＿＿＿＿
┌─みんなに相談したいこと・おなやみ─┐
│                                      │
│                                      │
│                                      │
└──────────────────────┘
┌─りゆう──────────────┐
│                                      │
│                                      │
│                                      │
│                                      │
└──────────────────────┘
```

日常化のポイント
　ブレインストーミングは，教科指導の中でも応用の可能性が高いものです。各教科と連動して活動し，スキルを高めておくといいでしょう。

【参考文献】
赤坂真二著『クラス会議入門』明治図書　2015年
赤坂真二著『赤坂版「クラス会議」完全マニュアル』ほんの森出版　2014年

〈赤坂真二〉

ミニミニクラス会議

■対象学年：全学年　■時間：5〜10分　■準備物：筆記用具，ホワイトボードなど

 身近な話題に対して多様な意見を出し合う活動を通して，共通の課題に対して積極的にかかわろうとする雰囲気をつくる

アクティビティの概要

グループのメンバーの悩みごとや相談ごとを出し合い，グループの話し合いで解決します。

課題に対して多様な意見を出す喜びや楽しさに気づくと，身近な話題に対して積極的に関与しようとする雰囲気が育ってきます。

進め方

❶生活班（4人から6人）をつくります。給食を食べるときのように机を合わせても，机はそのままで体だけを向かい合わせてもどちらでもいいですが，互いの顔が見えるようにします。

❷班の中から，1人がお題を出します。
　（例1）楽しい休日の過ごし方にはどんなものがあるか
　（例2）一生に一度は行ってみたいところはどこか
　（例3）兄弟げんかをしないようにするにはどうしたらよいか
　（例4）漢字テストの点数をよくするにはどうしたらよいか

❸輪番にアイデアを出します。言えないときは，「パスします」と言って，次の人に発言を譲ります。時間内ならば，何周してもいいです。また，お題の提案者は，それを聞きながら紙やホワイトボードに意見をメモします。

❹時間になったら，お題の提案者が「今日のベストアイデア」とその理由を発表します。

[アレンジ]

お題は，学級の実態に合わせて「日常的な話題」（例1），「ゲーム的要素を含んだ話題」（例2），「相談ごと」（例3）（例4）など，決めます。最初は教師が決めてもいいし，子どもの話し合いで決めてもいいです。問題解決の雰囲気を育てるという目的で言えば，最初は，「日常的な話題」や「ゲーム的な要素を含んだ話題」から入り，慣れてきたら，「相談ごと」を話し合うようにするのがいいでしょう。

雰囲気づくりのポイント

　話し合いのスタイルは，ミニクラス会議と同じで，ブレインストーミングです。やはり，出された意見に賛成意見や反対意見を言って，検討することはしません。多様な意見を出すことを楽しませたいものです。

　活動の導入期では，活動の意味づけをしっかりすることです。「自分たちの問題は，先生にあれこれ言われるよりも，自分たちで解決できるクラスになりませんか。そんな力を付けるための活動です」などのよう話をして，目的を伝えます。

　次に，活動のイメージをもたせることが大事です。代表の班や，子どもにロールプレイングでやってみせると効果的です。また，それだけではなく，練習用のお題を教師が与えて，リハーサルをするといいでしょう。

　うまくいった班をほめ，うまくいかなかった班に成功のためのアドバイスをします。

 評価のポイント

　この活動の評価のポイントは，「ミニクラス会議」と同様です。子どもが本気でお題の提案者に応えようとしていたかです。下記のような項目を読み上げ，各グループに自己評価をさせてもいいです。
①たくさん意見が出たか。
②全員が意見を出したか。
③話し合い（ブレインストーミング）のルールを守っていたか。
④楽しく話し合いができたか。
⑤またやりたいというような話し合いができたか。

日常化のポイント

　クラス内のちょっとした問題を，子どもに投げかけてみると，こうした話し合いが日常化するでしょう。例えば，「『いただきます』の時間が守れないようだけど，何かいい解決策はありませんか。ちょっとグループで話し合ってみてくれませんか」などと声かけをします。

【参考文献】
赤坂真二著『クラス会議入門』明治図書　2015年
赤坂真二著『赤坂版「クラス会議」完全マニュアル』ほんの森出版　2014年

〈赤坂真二〉

47 チュウ太郎と一緒にがんばろう！！

■対象学年：1〜3年生　　■時間：5分　　■準備物：パペットや人形

ねらい　人形やパペットが子どもたちのよい行動を取り上げ，そのことについて子どもたちが考えることを通して，自分たちで課題に取り組もうとする意欲をもつ

アクティビティの概要

　教師の持つパペット「ねずみのチュウ太郎」が，掃除中，がんばっている子どもをほめます。子どもたちはなぜその子どもがほめられているのか考えます。掃除中，ねずみのチュウ太郎が掃除を見守る中，子どもたちは自分たちで声をかけ合い，掃除に取り組むようになります。

進め方

❶「今日はクラスの友達，チュウ太郎がみんなに話したいことがあるそうです」
　と言って，隠し持っていたねずみのパペットを取り出します。

❷「チュウ太郎は，何をみんなに言いたいのでしょうか？うん，うん」
　と言って，ねずみのパペットが教師に伝えているような素振りをします。

❸「チュウ太郎が言うには，とてもいい掃除の仕方をしている友達がクラスにいるそうです。誰でしょうか。チュウ太郎教えてもらっていいですか？」

❹教師はその子どもの前に行き，チュウ太郎がその子どもを指す素振りを見せます。

❺「みんな，○○さんがとてもいい掃除の仕方をしているっていうのだけれど，どうやって掃除しているか知っていますか？」

❻子どもたちが発言します。教師がクラスに広めたい行動がでたら，チュウ太郎が喜ぶ素振りを見せます。

❼「そうだったのですね。みんな知っていましたか？　これから，掃除の時間，みんなのことをチュウ太郎が見守っているそうです。そしてみんなのいいところを一生懸命探すそうです。みんなもチュウ太郎に負けないくらい，力を合わせてがんばって掃除をしましょう」

[アレンジ]

　日常の子どもたちの生活上の課題が，「掃除を一生懸命取り組めるようになる」ことではなく，他のもの（給食，言葉遣い，授業態度など）であれば，それを課題にするとよいでしょう。

雰囲気づくりのポイント

[子どもたちが自分で考えられるようにする]

　5分という短い時間だと，すぐに教師の用意した「答え」を言ってほしくなりますが，子どもたち自身が考えることを大切にします。1人で考えるのが難しければ，隣同士や班で相談するなどして，一人一人が考えられるようにしましょう。

[不適切な行動は受け流す]

　教室にパペットが登場すると，興奮のあまり「なんだあれ！　変なの！」「チュウ太郎なんていないし！！」と子どもが不適切な発言をすることがあります。不適切な発言を指導すると，せっかくの楽しい雰囲気が台無しになります。そういった発言は極力取り上げず，話を続けましょう。

評価のポイント

　このワークは，教師以外の存在が，子どもたちのよい行動を取り上げることによって，子どもたちが「教師の見ているところだけがんばろう」とするのではなく，「自分（たち）でがんばろう」という意識をもつことをねらいとしています。

　そのために，自分なりに考えている子どもを「掃除の時間，友達のよいところをしっかり見ているのですね」と大いにほめます。

　また教師が「力を合わせてがんばって掃除をしましょう」と投げかけたときに，真剣な表情をしていたり，正しい姿勢で話を聞いたりしている子どもを見つけ，「やる気になっている友達がいますね。自分で行動できそうですね」と評価しましょう。

　評価は教師が伝えても，チュウ太郎が伝えてもいいです。子どもたちが主体的に取り組めるのに，効果的な方法を選べるといいでしょう。

日常化のポイント

　掃除の時間，「今日，朝の時間，チュウ太郎が言っていたことを思い出そうよ」と友達に投げかけている子どもを見つけ，「チュウ太郎の言ったことをよく覚えていましたね。チュウ太郎も喜んでいると思いますよ」と伝えます。

　また日常生活の中でよいことをした子どもに，「きっとチュウ太郎も見ていますよ」と伝え，チュウ太郎が子どもたちにとって身近な存在になるようにします。

〈松下　崇〉

48 人間の心の中でいたずらするムシを退治しよう！！

■対象学年：1〜4年生　■時間：5分　■準備物：教師や子どもが描いたムシの絵

 どうしたらムシを退治することができるか考えることを通して，自分たちで課題を解決する意欲を高める

アクティビティの概要

「宿題をしっかり取り組めない」「きびきびと行動できない」日常の子どもたちの課題を，教師が考えたムシがいたずらしているという設定のもと，その退治方法を子どもたちが考えます。教師が提示するかわいいけれどちょっといたずらをするムシたちを退治しようと子どもたちは，自分たちで声をかけ合うようになります。

進め方

❶「みなさん，このムシを見て下さい」（と言いながら，教師の描いたムシの絵を出す）

❷「このムシはダラダラムシと言います。このムシは知らず知らずに心の中に飛んできて，住み始めます。住み始めると，その人はダラダラと過ごすようになります。このムシが心に住んでいる人はいませんか？」
（子どもたちが口々に「僕いるかも！」「私は大丈夫！」と発言する）

❸「このムシをどのようにすれば心の中から退治できるか，生活班毎に話し合いましょう。話し合うときは，一人一言解決策とその理由を言います。解決策が思いつかない場合は，パスをしてもいいです。出てきた解決策の中から班で1つ選びます。時間は3分間です。それでは始めてください」

❹（子どもたちが話し合う）

❺「みなさん，話し合えましたか？では，これから生活班で協力して，ダラダラムシを退治しましょう」

[アレンジ]

最初は子どもたちの生活課題を中心に，教師が描いたムシをムシ研究家として提示します。慣れてきたら，子どもたちが描いた（発見した）ムシを子ども自身で発表します。そうすることで，さらに自分たちで生活上の課題を解決しようとする意欲をもつようになります。

雰囲気づくりのポイント

- 普段,生活指導が厳しい教師は,楽しい雰囲気をつくることが大切です。白衣を着たり,メガネをかけたりして,「研究者」の雰囲気づくりをするとよいでしょう。
- すぐに教室の雰囲気が騒がしくなったり,一度,秩序を失うとなかなか取り戻せなかったりする学級では,過度の演出は避け,教師が落ち着いた雰囲気で話すとよいでしょう。
- 「自分たちで課題を解決する」ためには,一人一人の意欲を向上させることが大切です。話し合う際,一人一言解決策を言えるようにし,その中から解決策を1つ選ぶようにします。
- 各生活班で話し合ったことを,教室に掲示しておき子どもたちが意識できるとよいでしょう。また教師はその教室掲示を手掛かりに,子どもたちの様子をよく観察し,評価していくと子どもたちは生き生きとムシ退治を楽しむようになります。

(その他のムシの例 ↗ →)

 評価のポイント

　この活動は,「教師が提示した架空のムシを退治することができるか」考えることを通して,楽しみながら前向きに自分たちだけで解決しようとする態度を育てることをねらっています。話し合う際も,「自分たちで解決しようとする発言」「前向きな発言」を取り上げ,ほめます。

　また,友達を大切にする行為は,自分たちで協力して課題を解決する第一歩になります。話合いの際,「友達の意見を最後まで聞く」「発言しにくそうな友達に『意見はある?』と尋ねる」など,友達を大切にしようとしている姿を見つけ,評価します。

日常化のポイント

　日常で子どもたちが素早く行動する姿を見つけたら,「ダラダラムシが住んでいないね。これからもがんばろうね」と声かけしたり,学習中次の行動に移る前に,「ダラダラムシが心の中に住んでいる人はいないですよね? では次の行動をしましょう!」と声かけしたりするなど,ムシ退治を教師が楽しんでいる姿を見せます。

　また話し合ったことを生かして,率先して行動に移している子どもを見つけ,声かけしていくことで子どもたちは自分たちで課題を解決しようとする態度が育ちます。

〈松下　崇〉

49 KPTを使ってふり返り

■対象学年：4～6年生　■時間：4～5分　■準備物：ホワイトボード

ねらい ▶ グループでふり返りを行い，みんなで共有し，よりよく生活できるようにする

🌼 アクティビティの概要

　この活動は，研修等で使われているKPT（ケプト）を，金曜日の帰りの会に行うものです。4人で，今週のふり返りをします。ホワイトボードによかったこと，うまくいかなかったこと，来週がんばりたいことを書いていきます。4人で話し合い，最後は黒板に書きます。月曜日の朝，黒板に書いてあるものを確認することで，目標をもって1週間過ごすことができます。

進め方

❶まずは，この1週間の活動を思い出します。最初は，「掃除の時間」「給食の時間」「休み時間の過ごし方」など，教師からテーマを出すと話し合いがうまくいきます。

❷うまくいった活動を確認し，ホワイトボードにどんどん書いていきます。グループで最低1つは書くようにします（Keep）。

❸次にうまくいかなかったこと，もっとできたと思っていることなどを確認し，書いていきます。❷と❸合わせて，2分以内で終わるようにします（Problem）。

❹改善策を考えます。うまくいかなかったことやもっとできたと思っていることの改善策を話し合いますが，うまくいっていることをもっとよくするために話し合ってもいいことを伝えます（Try）。

❺班で話し合ったことを，Keep・Problem・Try それぞれ1つずつ，黒板に書いていきます。少しだけ全体で確認します。続きは月曜日の朝に行います。

[アレンジ]

＊低学年では，ホワイトボードを使わずに，付箋を使うか何も使わないで行います。

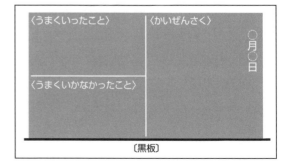

雰囲気づくりのポイント

- 基本は4人で行い，全員が話すよう促していきます。1人がホワイトボードを書きます。他の3人は，最後の黒板に書きにいく役割があります。
- タイマーを電子黒板や実物投影機で写しておくと，子どもも時間を意識して行います。
- BGMで「蛍の光」を流すと雰囲気がアップします。また，声の大きすぎるグループがいた場合に，この音楽が聞こえる大きさで話すよう，声をかけます。
- 学級全体を見て，輪から外れていそうな子どもがいたら，近くまでいって様子を見ます。活動中，よかったところを見つけて，その場で声をかけていくとよいでしょう。

 評価のポイント

「KPTは，企業の研修等で使われるもので，とても難しいことだから，うまくいかなくて当然だから心配しないでね」などと声をかけて，ハードルを下げます。教師もこのように意識することで，子どものうまくいっていないことではなく，がんばっているところに目がいくようになります。

1人の子どもが長く話すのではなく，順番に話していけるとよいでしょう。最初から輪番でというルールをつくっても構いませんが，子どもに任せてみると，輪番で話しているグループが必ずあります。そういった姿を見つけてほめていきます。

月曜日の朝の会で，黒板を消しながら確認していきます。Keepのうまくいっていることは，それだけ子どもが意識してがんばっていることです。また，うまくいかなかったことに気づけることも素晴らしいことです。Tryには，様々なことが書かれています。「何てすばらしいアイデアなんだろう！」「がんばろうとしている気持ちが，先生は嬉しい！」と伝えていきます。

慣れてくると，テーマ以外のことも出てきます。クラスの状況を見て，テーマをなしにするのもいいでしょう。

> **日常化のポイント**
>
> 本来，KPTはもっと時間をかけて行うものです。最初の内は時間内にできないこともあります。まずは，テーマを与えて話しやすくし，タイマーを見えるようにして進めます。ホワイトボードには話し合ったこと全部書くのではなく，キーワードだけでよいことを伝えます。私は1週間に1回がちょうどいい感じがしています。このKPTは，係活動や行事でも使うことができます。

【参考文献】
天野勝著『これだけ！ KPT』すばる舎 2013年

〈長崎祐嗣〉

めくりボードで目標確認

- 対象学年：4〜6年生
- 時間：3分
- 準備物：ホワイトボード，付箋，ペットボトルのふた

 ▶みんなで目標を共有し，目標をもって生活できるようにする

アクティビティの概要

　これは，子どものがんばりたいことや週の目標などを朝の会で楽しく発表し，目標をもって生活できるようにする活動です。子どものがんばりたいと思っていることをホワイトボードに書き，順番に発表していきます。「今日も1日がんばるぞ！」という気持ちになり，明るい雰囲気で1日をスタートすることができます。また，目標をもって生活する大切さを実感できます。

進め方

❶まずは，帰りの会から準備が始まります。明日がんばってほしいと思うことを中心に，3〜5つ黒板に縦書きで書きます。このとき，必ずその他を入れます。それぞれの下に，袋を置きます。

❷明日1番がんばりたいと思ったところの袋に，ペットボトルのふたを入れます。（私の勤める学校では，名札を学校においていく決まりがあったので，ペットボトルのふたの変わりに名札を袋に入れていました。これ以来，名札を家に持ち帰ってなくす子どもがいなくなりました。）その他を選んだ子どもは，付箋に何をがんばりたいのか書きます。

❸子どもが帰った後，担任は集計し，明日の朝の会で発表する準備をします。ホワイトボードに結果を書き，人数の所を画用紙で隠します（時間がないときは黒板に直接人数を書く）。

❹次の日の朝の会で，結果発表を行います。まず第2位か3位まで発表していきます。ワイドショーのボードをめくる感じです。途中で，その他の付箋を紹介します。

❺第1位を発表し，そのホワイトボードは，見えるところに置きます。

[アレンジ]

　＊低学年でもできます。目標の数を少なくするといいでしょう。

雰囲気づくりのポイント

- 第4位まであったのなら，4位と3位を発表します。このとき，「おれ，どれにしたか忘れた」という声もあがるのですが，気にせず笑顔で進めます。
- 第2位，第1位の発表の前に，その他の付箋を読み上げていきます。受けをねらったことや，当たり前すぎることなどが書かれていることもありますが，人を傷付けたり，学校のルールを逸脱したりするものでなければ読み上げます。
- 「ダラララララ…ジャン！」と効果音を入れながら進めていきます。
- 教師も子どもと一緒に目標を意識して過ごすことを伝えます。

評価のポイント

　目標を意識して過ごすのはなかなか難しいものです。子どもに目標をもたせようとすればするほど，子どもたちの心が離れていってしまうこともあります。

　このゲームは，楽しく目標を意識することができ，しかも友達が何をがんばろうとしているのかを知ることもできます。1人では忘れてしまうけど，みんなとならがんばれることもあります。

　まずは，目標が書かれたホワイトボードを見えるところにおいておきます。目標を意識して過ごしている子どもを見つけてほめることはもちろんですが，できていないからといって注意することはしません。これらの目標が，教師にとって都合のよい子どもを縛るルールにならないように気をつけましょう。子どもが目標をもって過ごすことはいいことなんだと実感できるようにします。また，がんばって過ごしている子どもを見つける教師の観点としても使えます。

　帰りの会でできたかどうか挙手させるのもいいですが，「廊下は右側を歩く」の場合は，3時間目の授業の始まる前に，「「いただきます」「ごちそうさまでした」は，心を込めて大きな声で言う」の場合は，給食後すぐに評価するなど，その場で声をかけていくとよいでしょう。

> **日常化のポイント**
>
> 　最初，私は続けることができませんでした。プリントに書かせて集計するなど，準備が大変だったからです。そこで，どうやったら手抜きできるか考え，黒板やペットボトルのふたを利用し，数えるだけでいいようにしました。また，その他の目標を選んだ子どもの場合には，付箋に直接目標を書き，次の日，私は読み上げるだけでいいようにしました。
> 　目標が高すぎたり，抽象的すぎたりすることがあります。子どもたちにとって，できたかできていないかがわかりやすく，スモールステップの目標にするといいでしょう。

〈長崎祐嗣〉

おわりに

　小学校の教師になってからというもの，とにかく，授業のネタや教育技術に関する書籍を読み漁りました。「明日の朝の会で何を話そうか」，「明日の国語の授業で何をしようか」がわからなかったからです。1つの単元の全ての発問，指示が出ているような書籍を手にしたときは，本当に嬉しかったです。著名な実践家が書かれた本ですから，絶対にうまくいくと信じて実践をしました。

　しかし，結果は悲惨でした。子どもたちの反応が全く違ったのです。

　「技術には前提がある」

　このことに気づいたのは，それからもう少し後のことでした。

　子どもたちの実態は，もともとの姿も，育っている姿も異なります。1つの言葉をきっかけに，100も違う言葉を表現する学級もあれば，ほとんど反応が返ってこない学級もあるのです。そもそも，その技術を使う教師が違っています。ある教師にとってとても有効な技術も，別な教師が同じ効果を引き出せるとは限らないわけです。

　技術が必要ないと言っているわけではないのです。シェフがどんなにいい人でも，うまい料理を作れない店にはお客さんは来ません。どんなに格好がよくても，カットができない美容師の店にもお客さんは集まりません。プロが結果を出すためには技術が必要です。プロは目的を達成するための技術をもたねばならないのです。

　しかし，技術だけでもダメなのも事実です。ニコニコと接客ができるうまい料理を出す店に客は集まります。カットもうまいけど，おしゃべりも軽妙で心を和ますことができる美容師の店に客は集まります。

　教育のような人を相手にする現場で，技術がその力を発動するためには，その前提となる教師の人柄がやはり必要なのです。その人柄を大きくする左右するのが，その人の纏う雰囲気ではないでしょうか。本書の1章から5章までは，多様な技術論が示されています。そして，その技術論の効果を引き出すための情報を示したのが序章です。本書を効果的に活用し，みなさんの学級に，よりよい雰囲気をつくっていただければと思います。

　最後になりましたが，すばらしい実践を寄せてくれた執筆者のみなさん，特に，仕事の遅れがちな私をサポートしてくれた現職派遣院生の荒巻保彦さん，長崎祐嗣さん，また，素晴らしい編集手腕で煩瑣な作業を手際よく進めてくれた明治図書の有海有理さん，吉田茜さん，そして，本書の仕掛け人である同社の木山麻衣子さん，みなさんのおかげで本書を世に出すことができました。

　本当にありがとうございました。

2016年1月

赤坂真二

【執筆者一覧】（執筆順）

赤坂　真二	上越教育大学教職大学院教授
鈴木　文哉	神奈川県松田町立松田中学校
鍋田　宏祐	大阪府柏原市立堅下北小学校
橋本　貴	大阪府岸和田市立大芝小学校
上山菜海子	大阪府堺市立赤坂台小学校
江口　浩平	大阪府堺市立金岡南小学校
笹　祐樹	大阪府大阪市立岸里小学校
堀口　健太	大阪府堺市立庭代台小学校
森　桂作	大阪府大阪市立大道南小学校
菱本恵理子	大阪府羽曳野市立高鷲北小学校
弘津　啓子	大阪府高槻市立如是小学校
八長　康晴	東京都多摩市立多摩第一小学校
三好　真史	大阪府堺市立鳳南小学校
柴﨑　明	神奈川県私立中高一貫校
成田　翔哉	愛知県大府市立吉田小学校
深見　太一	愛知県豊田市立加納小学校
山中　順	香川県坂出市立金山小学校
田頭　佳苗	神奈川県横浜市立茅ケ崎中学校
新妻　蘭	ハンブルグ日本人学校
鈴木　裕也	神奈川県横浜市立都田小学校
秋山　義紀	埼玉県川越市立仙波小学校
荒巻　保彦	上越教育大学教職大学院
久下　亘	群馬県高崎市立榛名中学校
松下　崇	神奈川県横浜市立川井小学校
長崎　祐嗣	愛知県名古屋市立豊岡小学校

【編著者紹介】

赤坂　真二（あかさか　しんじ）

1965年新潟県生まれ。上越教育大学教職大学院教授。学校心理士。「現場の教師を元気にしたい」と願い，研修や講演を実施して全国行脚。19年間の小学校勤務では，アドラー心理学的アプローチの学級経営に取り組み，子どものやる気と自信を高める学級づくりについて実証的な研究を進めてきた。2008年4月から，より多くの子どもたちがやる気と元気を持てるようにと，情熱と意欲あふれる教員を育てるために現所属。

【著　書】

『先生のためのアドラー心理学―勇気づけの学級づくり』（ほんの森出版，2010）
『教室に安心感をつくる』（ほんの森出版，2011）
『スペシャリスト直伝！　学級づくり成功の極意』（明治図書，2011）
『スペシャリスト直伝！　学級を最高のチームにする極意』（明治図書，2013）
『赤坂真二―エピソードで語る教師力の極意』（明治図書，2013）
『クラスを最高の雰囲気にする！目的別学級ゲーム＆ワーク50』（明治図書，2015）
他多数

【本文イラスト】 木村美穂

クラスを最高の雰囲気にする！
目的別朝の会・帰りの会アクティビティ50

2016年2月初版第1刷刊　Ⓒ編著者	赤　坂　真　二
2020年1月初版第8刷刊　発行者	藤　原　光　政
発行所	明治図書出版株式会社

http://www.meijitosho.co.jp
（企画）木山麻衣子　（校正）有海有理・吉田　茜
〒114-0023　東京都北区滝野川7-46-1
振替00160-5-151318　電話03（5907）6702
ご注文窓口　電話03（5907）6668

＊検印省略　　組版所　株式会社ライラック

本書の無断コピーは，著作権・出版権にふれます。ご注意ください。

Printed in Japan　　ISBN978-4-18-225734-6
もれなくクーポンがもらえる！読者アンケートはこちらから→